AF385913

Rainer Stablo

DIE LINKE. UND ICH

2

Politische Interventionen innerhalb und außerhalb der Partei
sowie Gedanken und Gedankensplitter

–

(K(L))Eine Erfolgsgeschichte.
2017

Ein Konvolut

28.10.2017

Beitrag in der geschlossenen Facebook-Gruppe „Wir LINKEN im Südwesten"

"Endlich in Frieden leben!
Schluss mit der verbrecherischen Kriegstreiberei!
Wir wollen Frieden in Europa und in der Welt!
Wir verlangen ein umfassendes vertragliches Sicherheitssystem unter Einschluss Russlands!
Stopp Air Base Ramstein!"

Das sind alles richtige, nachvollziehbare Forderungen und Wünsche, die von Wilhelm heute und in den letzten Tagen gepostet wurden.

Ich möchte sie aber zweifach ergänzen.

Erstens durch die Forderungen:

"Deutschland raus aus der NATO!
NATO raus aus Deutschland!"

und zweitens durch einen etwas grundsätzlicheren Diskussionsbeitrag meinerseits zum Thema Krieg und Frieden (erneut an der Entwicklung in Syrien und Irak festgemacht).

Dieser (etwas längere und in den letzten Tagen entstandene) Diskussionsbeitrag besteht aus zwei Teilen, einer kleine Vorrede und daran anschließend den eigentlichen Überlegungen, und ist der Versuch zu reflektieren, dass die Thematik Krieg und Frieden doch um einiges komplizierter ist, als sie in einer Reihe weiterer, gewohnter, klassischer Forderungen der LINKEN zum Ausdruck gebracht wird.

Wer diesen Diskussionsbeitrag lesen und sich mit ihm auseinandersetzen möchte, findet ihn hier:

Gegen den Strom beim Thema Krieg und Frieden_20171026.pdf

28.10.2017

Beitrag in der geschlossenen Facebook-Gruppe „Wir LINKEN im Südwesten" (Gegen den Strom beim Thema Krieg und Frieden_20171026.pdf)

kleine Vorrede

Länger kann ich es mir nicht mehr verkneifen, erneut auf das Thema **Krieg und Frieden** zurückzukommen, da ich die bisher darauf bezogenen Antworten der LINKEN nur noch schwer ertragen kann.

Ich halte sie inzwischen für zutiefst oberflächlich und durch (kritische) Vernunft nicht wirklich begründbar.

Sie entbehren meiner Einschätzung nach sowohl formaler als auch politischer Logik, sind Ausfluss und Ausdruck alleine politischer Wünsche und Gefühle, nicht belegbarer Glaubenssätze oder gar sachfremder Funktionalisierung.

Sie sind meines Erachtens ahistorisch, undialektisch, unmaterialistisch und haben mit (links)sozialistischer, kommunistischer oder marxistisch begründeter Politik nicht wirklich etwas zu tun. Da wird ein diffuser Pazifismus dogmatisch an die Stelle eines sozialistisch begründeten Antimilitarismus (im Sinne insbesondere Lenins oder Karl Liebknechts) gesetzt.

Dabei befindet sich jeder Flügel der LINKEN in je einer eigenen Sackgasse. Daraus sich selbst zu befreien oder befreit zu werden tut Not.

Ein ganz konkretes Beispiel soll das Sackgassen-Dilemma verdeutlichen:

Der eine Flügel der LINKEN lehnt Auslandseinsätze der Bundeswehr kategorisch ab (egal ob mit oder ohne Kampfauftrag, egal ob mit oder ohne UN-Mandat). Der andere Flügel lehnt sie nicht kategorisch ab, sondern möchte jeden Einzelfall prüfen und dann im Einzelfall entscheiden können. In Wirklichkeit geht es beiden Flügeln aber gar nicht um die Sache selbst, sondern um die Nichtherstellung bzw. Herstellung von Kompatibilität für eine systemkonforme SPD/Grüne/LINKE-Regierung.

Der dialektische, materialistische, sozialistische Ausweg aus diesem Dilemma wäre dabei sehr einfach: Keine ahistorische kategorische Ablehnung von Auslandseinsätzen der Bundeswehr, sondern Prüfung und Entscheidung im Einzelfall. Bejahung des Auslandseinsatzes aber **dann und nur dann**, wenn zwei Bedingungen erfüllt sind: a) der Einsatz besitzt völkerrechtliche Legitimität und Konformität sowie b) der Einsatz genügt dem klar definierten sozialistischen, antikapitalistischen, antiimperialistischen, antikolonialistischen Maßstab der LINKEN.

Diesen Maßstab klar und eindeutig und belastbar zu definieren und im Einzelfall unbestechlich zur Richtschnur zu machen, das wäre die eigentliche Aufgabe einer LINKEN, die ihrem Namen gerecht werden will.

Nun aber zum Eigentlichen:

Gegen den Strom

Liebe Genossinnen und Genossen,

auch die jüngsten Ereignisse und Entwicklungen im **Krieg gegen den Islamischen Staat** (IS/ISIS/ISIL/DAESH), **Al Qaida** (HTS) und die vielen anderen terroristische **Dschihadisten** in **Syrien und Irak**, als da sind:

1. die vollständige Befreiung der ersten „Hauptstadt" des IS in Syrien, **Raqqa**,
2. die vollständige Befreiung der zweiten „Haupstadt" des IS in Syrien, **Al Mayadeen**,
3. die Befreiung weiter Gebiete westlich und östlich des Euphrats in der Region **Deir Ezzor** und Al Mayadeen,
4. die unmittelbar bevorstehende Befreiung der letzten vom IS terrorisierten Stadtteile von Deir-Ezzor,
5. die greifbar nahe Befreiung aller sonstigen vom IS besetzten/beherrschten/terrorisierten Gebiete in Syrien (und Irak),
6. die weitgehende Neutralisierung/Isolierung/Eindämmung von Al Qaida (HTS) und anderen dschihadistischen Terrorgruppen durch starken militärischen Druck,

widerlegen oder untergraben augenfällig einige der **„Selbstverständlichkeiten"**, **„Grundwahrheiten"** oder **„roten Haltelinien"** der **LINKEN** in Bezug auf **Krieg und Frieden** oder rücken sie zumindest in ein anderes Licht:

„Bomben schaffen keinen Frieden."

Was bedeutet Frieden?

Frieden bedeutet im Kern das Gegenteil von Krieg, die Abwesenheit von Krieg, lokal, regional, global. Dieser Zustand ist in der bisherigen Menschheitsgeschichte lokal und regional immer nur ein vorübergehender Zustand gewesen, jederzeit umkehrbar, global hat es ihn mit größter Wahrscheinlichkeit noch nie gegeben.

Und, das zeigt die Geschichte allzu deutlich, Bomben (und andere Waffen) haben Kriege nicht nur befeuert, sondern oft auch beendet, also Frieden oder zumindest die Voraussetzungen für Frieden geschaffen!

Die Geschichte hat insofern längst bewiesen, dass der Wahrheitsgehalt des Satzes „Bomben schaffen keinen Frieden." gleich Null ist. Als Aussage, Feststellung und Behauptung ist der Satz durch die Geschichte eindeutig widerlegt. Der Satz ist schlicht falsch und die häufige Wiederholung durch Linkspartei und Linksfraktion (siehe zwei Beispiele im folgenden Exkurs) macht ihn nicht richtig.

Nicht nur gegen die faschistische Diktatur in Deutschland, auch in Japan und Korea, in Russland und China, in Kuba und Vietnam und anderswo haben Bomben und Waffen zu Siegen geführt und Frieden begründet.

Nicht anders als heute in Syrien und Irak, wo die Bomben der syrischen und irakischen Regierungsarmeen (und ihrer jeweiligen Verbündeten) gegen die islamistischen Terroristen des IS, von al-Qaida und all die anderen dschihadistischen Banden in Mossul, Raqqa, Aleppo, Palmyra, Deir Ezzor, Mayadeen ... entscheidend dazu beigetragen haben und beitragen, den Krieg nicht nur an diesen Orten sondern in absehbarer Zeit auch insgesamt zu beenden!

Für LINKE sollte im Übrigen völlig unstrittig sein, dass es dauerhaften Frieden - vor allem global - erst in nachkapitalistischen Zeiten geben kann und wird.

Exkurs

Beispiel 1: In einem Flugblatt der Linksfraktion vom 27.11.2015 (http://neu-alexander.de/files/2015/12/20151127-bomben-schaffen-keinen-frieden.pdf), das bei nicht nur oberflächlicher Lektüre mehr Fragen aufwirft als es Antworten gibt, wird unter der Überschrift: „Bomben schaffen keinen Frieden!" unter anderem ausgeführt:

„Man wird den terroristischen Islamischen Staat (IS) nicht mit militärischen Mitteln besiegen können, solange es weiter Geldströme gibt und der IS mit Ölgeschäften weiter agieren kann. Es müssen jetzt alle zivilen Möglichkeiten ausgeschöpft werden, den IS tatsächlich zu schwächen: Der IS muss besiegt werden, indem konsequent sein Nachschub an Waffen und Kämpfern sowie die IS-Finanzströme unterbunden werden. Dazu müssen sämtliche Waffenexporte in die Region gestoppt, die militärische Zusammenarbeit mit den größten Terror-Sponsoren Saudi-Arabien und den Golfstaaten beendet und die Türkei endlich dazu bewegt werden, die Grenze zu Syrien für jegliche IS-Unterstützung zu schließen."

Was ist von solchen Formulierungen zu halten?

Zunächst einmal, wer ist mit man gemeint? Die in Syrien völkerrechtswidrig agierende US-Koalition? Die in Syrien legitim und völkerrechtskonform agierende syrische Regierung und ihre Verbündeten (u.a. Russland, Iran, Hisbollah)? Die völkerrechtskonform im Irak agierende irakische Regierung und ihre Verbündeten (incl. Deutschland und USA!)?

Mehr noch. Ist der IS nun mit militärischen Mitteln zu besiegen? Ja oder nein? „Solange es weiter Geldströme gibt und der IS mit Ölgeschäften weiter agieren kann", nach Ansicht der Linksfraktion offenbar nein! Bei Wegfall dieses einschränkenden Halbsatzes (angeblich durch zivile Möglichkeiten zu erreichen!) im Umkehrschluss also Ja!

Wer das dann militärisch bewerkstelligen soll?

Im Übrigen, um wie viel wären die Machtbereiche von IS, Al Qaida etc. bis heute verkleinert worden, ihre Terrorherrschaften zurückgedrängt worden, wäre nach der skizzierten „Strategie" der LINKLEN (Ausschöpfung der zivilen Möglichkeiten) verfahren worden?

Das Gegenteil wäre höchst wahrscheinlich der Fall.

Beispiel 2: In einem Interview mit RT am 05.12.2016 führte Sahra Wagenknecht zu Krieg und Frieden und Bomben in Syrien unter anderem Folgendes aus:

„(...) das Wichtigste, was wir in Syrien brauchen, ist ein Ende der Bombardements, ist … auch eine gemeinsame Anstrengung, wirklich den islamischen Staat und die anderen islamistischen Terrorbanden zurückzudrängen, (...). (...) natürlich geht es auch darum, dass die Ursachen für Kriege behoben werden, also dass man nicht Waffen liefert, wo Kriege stattfinden, sondern dass man konkret zum Beispiel in Syrien wirklich alles daran setzt, dass es dort Frieden gibt, dann gäbe es ja keinen Grund mehr, aus Syrien zu fliehen, wenn dort endlich Frieden hergestellt ist und (...) der islamische Staat zurückgedrängt wird."

Das Interessanteste an den Aussagen Sahra Wagenknechts ist das, was nicht gesagt wird: Was versteht Sahra Wagenknecht unter Zurückdrängung des IS? Wie anders als militärisch sollen der IS und die anderen islamistischen Terrorbanden wirksam und wirklich zurückgedrängt werden? Und wenn militärisch, dann von wem?

Exkurs Ende

„Frieden schaffen ohne Waffen!"

Dieser Satz aus dem Europa-zentrischen Berliner Appell von 1982 ist im Gegensatz zu „Bomben schaffen keinen Frieden" keine längst widerlegte Aussage, sondern eine Aufforderung zum Handeln. Sie ist daher nicht falsch und im Kern eine menschenfreundlich ehrenwerte/hehre. Die raue Wirklichkeit sieht aber leider (meist) anders aus, innerhalb Europas (Jugoslawien, Ukraine) wie außerhalb Europas. Insbesondere IS, Al Qaida etc. in Syrien/Irak/Libyen/Ägypten/Jemen … würden sich einen feuchten Kehricht um diesen Aufruf kümmern und die Region und die halbe Welt mit noch mehr Mord und menschenverachtendem Terror überziehen.

„Schwerter zu Pflugscharen!"

Für diese von der DDR-Friedensbewegung übernommene Aufforderung gilt das zu „Frieden schaffen ohne Waffen" Gesagte in ähnlicher Weise. Darüber hinaus sollte es für LINKE eigentlich vollkommen klar sein, dass (alle) Schwerter verantwortlich erst dann zu Pflugscharen gemacht werden können, wenn Kapitalismus, Kolonialismus und Imperialismus unumkehrbar der Vergangenheit angehören. Bis dahin muss die legitime Verteidigung gegen jede Art von menschenverachtender Gewalt auch bewaffnet möglich bleiben, ebenso wie militärischer Schutz und Verteidigung sozialistischer und kommunistischer Gesellschaften gegen bewaffnete Angriffe und Aggression.

„Bundeswehr abschaffen!"

LINKE, die sich diese Forderung u. a. der DFG-VK zu Eigen machen, bringen damit eine Reihe merkwürdiger Denkmuster zum Ausdruck. Sie hegen entweder die Illusion, ohne militärische Absicherung bzw. glaubwürdige Verteidigungsbereitschaft ließe sich ein Aggressor von einer Aggression abhalten oder aber die Illusion, die Erduldung einer Aggression sei das kleinste von allen Übeln. Kleiner gegenüber dem gescheiterten Versuch einer Abwehr oder - noch fragwürdiger - gegenüber der gelungenen Abwehr einer Aggression. Oder liegt der Forderung nach Abschaffung der Bundeswehr die Überzeugung zugrunde, die Abwehr einer Aggression sei von vorne herein unmöglich?

Für LINKE sollte ein Blick über den bundesdeutschen Tellerrand hinaus genügen, um zu realisieren, wie unausgegoren und kurzsichtig die Parole „Bundeswehr abschaffen!" in Wirklichkeit ist. Ein unverstellter, rationaler, kritisch-solidarischer Blick auf die sozialistische Republik Kuba (Revolutionäre Streitkräfte), die sozialistische Republik Vietnam (Vietnamesische Volksarmee), die Bolivarische Republik Venezuela (Bolivarische Nationale Streitkräfte), die sozialistische Volksrepublik China (Volksbefreiungsarmee) sollte einen realistischeren Ansatz begründen.

Exkurs

Beispiel China: Die Kommunistische Partei Chinas (KPCh) hat aktuell rund 89 Millionen Mitglieder. Sie ist damit nicht nur die zahlenmäßig größte Kommunistische Partei der Welt sondern die größte Partei der Welt überhaupt.

Gerade ist der 19. Parteitag der KPCh zu Ende gegangen. Dabei hat sich die KPCh erneut der Weiterentwicklung der Sozialistischen Demokratie in China verpflichtet und sich dafür ehrgeizige Ziele gesetzt.

Eines der Kernelemente des weiteren Aufbaus des „Sozialismus chinesischer Prägung" ist die „Modernisierung der Landesverteidigung und Armee". Bis zum Jahr 2035 soll dies umgesetzt werden und „die Volksarmee bis Mitte dieses Jahrhunderts umfassend zu einer Armee von Weltrang" entwickelt werden (siehe z.B. http://german.xinhuanet.com/2017-10/18/c_136689281.htm).

In den Worten Xi Jinpings, des wiedergewählten Generalsekretärs des Zentralkomitees der KPCh, aus den Jahren 2012/2013 (siehe **Xi Jinping, China regieren**, Verlag für fremdsprachige Literatur, Peking 2014) geht es dabei um die Umsetzung der „militärisch-strategischen Richtlinie der aktiven Defensive" auf der Basis „des Wissenschaftlichen Entwicklungskonzeptes".

Johannes Westerkamp

Der verschollene Pharaonenschatz in der Elbmündung

Heinrich Menu von Minutoli und die Anfänge des Ägyptischen Museums in Berlin

Der verschollene Pharaonenschatz in der Elbmündung

Heinrich Menu von Minutoli und die Anfänge des Ägyptischen Museums in Berlin

*Gebauer, Ernst: General Johann Heinrich Frhr. Menu von Minutoli,
Ölgemälde 1823, Provenienz Schloss Königsberg, verschollen*

FSC
www.fsc.org
MIX
Papier aus ver-
antwortungsvollen
Quellen
Paper from
responsible sources
FSC® C105338

Johannes Westerkamp

Der verschollene Pharaonenschatz in der Elbmündung

Heinrich Menu von Minutoli und die Anfänge des Ägyptischen Museums in Berlin

Bibliografische Information der Deutschen Nationalbibliothek: Die Deutsche Nationalbibliothek verzeichnet diese Publikation in der Deutschen Nationalbibliografie; detaillierte bibliografische Daten sind im Internet über http: //dnb.dnb.de abrufbar.

Herstellung und Verlag: BoD – Books on Demand, Norderstedt

Umschlagfoto: Kugelbake Cuxhaven © Cara Westerkamp

ISBN: 978-3-755-760771

Inhalt

Anhang

Vorwort

200 Jahre ist es her, dass eine Schiffsladung mit einzigartigen altägyptischen Artefakten in der Elbmündung untergegangen und seitdem nicht wiederaufgetaucht ist. Diese Kunstwerke wären imstande gewesen, die preußische Hauptstadt Berlin im Nu auf einen Spitzenplatz der neu entstehenden ägyptischen Museen in Europa zu katapultieren.

Apropos Wiederauftauchen: Mitte März 2016 hatte ich in der Berliner Zeitung den doppelseitigen Artikel „Die Suche nach dem Schatz der Gottfried" von Günter Marks gelesen. Der Bericht verschwand in der Versenkung, bis ich Ende 2020 wieder auf ihn stieß. Seitdem hält mich das Thema in seinem Bann: die ersten Jahrzehnte des 19. Jahrhunderts als eine richtungsweisende Epoche für Kunst und Kultur in Europa. Ein charismatischer, leicht geheimnisvoller Protagonist. Eine knapp einjährige Expedition nach Ägypten mit allen Zutaten einer filmreifen Abenteuerreise. Das Zusammentragen eines riesigen Schatzes an Artefakten. Ein verhängnisvolles Schiffsunglück mit acht Toten. Untergang der wertvollen Fracht. Jahrzehntelange Suche mit kriminalistischem Feingespür nach dem Ort der Havarie und: nach 200 Jahren der noch immer verschollene Pharaonenschatz in der Elbmündung.

Auf Fußnoten habe ich bewusst verzichtet. Das erhöht den Lesefluss und damit das Lesevergnügen. Für weiterführende Informationen steht ein ausführliches Literaturverzeichnis am Ende des Buches zur Verfügung.

Ich möchte mich bei allen bedanken, die mich bei diesem Projekt unterstützt haben: der Direktorin des Ägyptischen Museums in Berlin, Prof. Dr. Friederike Seyfried, Dr. Olivia Zorn und Dr. Jan Moje; dem Historiker und Minutoli-Experten Harry Nehls aus Berlin, den beiden Forschern Rainer Leive und Dr. Joachim S. Karig und Dr. Frank Hildebrandt vom Museum für Kunst und Gewerbe in Hamburg; dem Helmholtz-Zentrum Hereon in Geesthacht, dem Archäologischen Landesamt Schleswig-Holstein, dem Stadtarchiv Greifswald, der Minutoli-Gesellschaft Berlin e.V. und Claudio Rizzello für seine Italien-Recherche.

Dr. Wolfgang Eisert und Michael Stroh danke ich für die Durchsicht meines Manuskripts und ihre konstruktive Kritik, und last, but not least meiner Tochter Cara Westerkamp für Redaktion & Layout.

Falkensee, den 11. März 2022

J.W.

Einleitung

Pyramiden, Mumien, die Büste der Nofretete, Tutanchamun, Hieroglyphen – Synonyme für die Magie einer jahrtausendalten Kultur: Ägypten. Schon immer hat das Land am Nil eine große Anziehungskraft auf Europa ausgeübt.

Die Büste der Nofretete elektrisiert uns nach wie vor. Am 6. Dezember 1912 machte der deutsche Archäologe Ludwig Borchardt in Mittelägypten die Entdeckung seines Lebens. Die genauen Umstände, wie das rund 3500 Jahre alte Meisterwerk nach Preußen gelangte, lassen sich heute nicht mehr mit letzter Gewissheit rekonstruieren. Sicher ist: Am Vorabend des Ersten Weltkrieges hatten in Ägypten die Engländer das Sagen, die Franzosen zeichneten für die Altertümer verantwortlich. Borchardt geriet später in Verdacht, die Wertigkeit der Büste verschleiert zu haben, sodass im Zuge der damals üblichen Fundteilung eine eher unspektakuläre Altarstele in Ägypten verblieb, während die Ausgräber die „Nofretete" an sich nahmen. 1920 machte James Simon – er hatte die Grabungen Borchardts finanziert – dem Ägyptischen Museum in Berlin das herausragende Kunstwerk zum Geschenk.

Zwei Jahre später entdeckte Howard Carter im Tal der Könige in Theben-West das Grab des Pharaos Tutanchamun, angefüllt mit rund 5.000 Grabbeigaben. Am 1. November 1925 dann der große Moment: Carter holte die Mumie aus der Begräbnisstätte, mehr als ein Jahr lang dauerten die Untersuchungen der sterblichen Überreste vor Ort. Noch heute liegt die Mumie des Tutanchamun in ihrem Sarkophag im Tal der Könige.

Auch in unseren Tagen reißen spektakuläre Meldungen aus Ägypten nicht ab. Anfang 2021 gab das Antikenministerium in Kairo bekannt, dass Archäologen weiter südlich in Sakkara, zu Zeiten der Pharaonen eine wichtige Begräbnisstätte der Hauptstadt Memphis, auf einen Totentempel mit rund fünfzig Sarkophagen gestoßen waren. Experten glauben, Sakkara habe lediglich erst ein Prozent dessen freigegeben, was dort noch im Verborgenen schlummert.

In der Nähe der Pyramiden von Gizeh wuchs in den vergangenen Jahren das Große Ägyptische Museum aus dem Sandboden, das Grand Egyptian Museum, kurz GEM, übersetzt: Juwel. Im Vorfeld der Eröffnung Anfang April fand die „Goldene Parade der Pharaonen" statt. In einer feierlichen Prozession bewegten sich nach antikem Vorbild futuristisch anmutende goldfarbene Umzugswagen entlang der abgesperrten Nil-Promenade vom alten zum neuen Museumsstandort. An Bord: Sarkophage mit den Mumien von 22 Königinnen und Königen. Auf den Fahrzeugen prangten in großen Buchstaben die Namen der Verstorbenen auf Arabisch, Englisch und in Hieroglyphen.

Wenige Tage später die Meldung, Archäologen hätten in Luxor die größte antike Siedlung ausgegraben, die jemals in Ägypten gefunden wurde. Es soll sich um die zweitwichtigste archäologische Entdeckung seit dem Grab von Tutanchamun handeln.

Ende November eröffnete Ägypten dann die historische, knapp drei Kilometer lange Sphinx-Allee. Sie verbindet die Tempelanlagen von Karnak und Luxor. Den vor rund dreieinhalbtausend Jahren erbauten Prozessionsweg säumen mehr als 1.300 Sphinxen mit Menschen- und Widderköpfen.

Luxor soll einmal zum größten Freilichtmuseum der Welt werden.

Das sind nur einige Meldungen aus dem Jahr 2021 über die vielfältigen Anstrengungen des Landes zur Bewahrung seines kulturellen Erbes. Ägypten wird auch in Zukunft Schlagzeilen machen. Doch auch die archäologische Historie hält spannende Geschichte und Geschichten bereit.

Erste öffentliche Museen in Preußen

Das Sammeln hat in der Menschheitsgeschichte eine lange Tradition. Dem Suchen folgte im Idealfall das Finden. Wenn sich dieser Schritt wiederholte, wurde das Gefundene zu einer größeren Menge vereinigt: Eine Sammlung war entstanden. Neben Nahrungsmitteln und Waren für den täglichen Bedarf gehörten dazu auch zunehmend Gegenstände, an deren Schönheit, Seltenheit oder Kuriosität sich die Sammelnden erfreuen konnten.

Seit dem 14. Jahrhundert entstanden in Europa repräsentative Sammlungen von Fürsten und vermögenden Bürgern. Sie trennten Naturalien zunächst nicht von Artefakten, Kunst nicht von Handwerk. Der Sammler sammelte aber nicht nur für sich selbst. Mit einem Hauch von Understatement war er bestrebt, die Kollektion auch seinem Umfeld zu präsentieren: eine Demonstration von Macht und Herrschaftswissen.

Die Bezeichnungen für die Sammlungen variierten: Kunst- oder Wunderkammern hießen sie, zuweilen Raritäten- oder Kuriositätenkabinette. Damit sollte das Wunderliche des Betrachteten, aber auch die Verwunderung des Betrachters zum Ausdruck kommen.

In Brandenburg-Preußen vergrößerten sich die Sammlungen unter den Kurfürsten und Königen beträchtlich. Im Schloss Caputh südwestlich von Potsdam besaß Kurfürstin Dorothea von Brandenburg Ende des 17. Jahrhunderts ein Kuriositätenkabinett. Hier hing das „Kunstkammerregal", auch „Kleinodienschrank" genannt, ein Gemälde von Johann Georg Hintz von 1666, das der Hamburger Stillleben-Maler gleich in mehreren Variationen schuf.

Hintz, Johann Georg: Kunstkammerregal, GK I 3002 / Stiftung Preußische Schlösser und Gärten Berlin-Brandenburg / Roland Handrick

Das Bild war auf Augentäuschung angelegt, als wäre es Teil eines Kunst- und Naturalienkabinetts. Korallen, Trinkgefäße, Schmuck und Pistolen gab Hintz lebensgroß wieder. Die Kunstschränke mit ihren Regalen dienten einerseits zur

Aufbewahrung von Sammlungsstücken, waren aber auch selbst Sammlungsobjekt.

Sammlungs-Schwund geschah meist kriegsbedingt oder war dem Sammler selbst geschuldet. Der Soldatenkönig Friedrich Wilhelm I. entnahm seinem Münzkabinett mehr als 300 der größten Goldmedaillen. Er ließ sie einschmelzen, um den Haushalt zu sanieren, den ihm sein verschwenderischer Vater König Friedrich I. vererbt hatte. Von der Sparsamkeit des Soldatenkönigs profitierte wiederum dessen Sohn, der spätere Friedrich der Große. Krieg und Kunst bestimmten sein Leben, er erwarb hochkarätige Sammlungen privater Gelehrter und Kunstliebhaber wie die Antikensammlung des französischen Kardinals Polignac. 1763 ließ Friedrich II. in Potsdam die Bildergalerie in unmittelbarer Nachbarschaft zu seinem geliebten Schloss Sanssouci errichten. Sie gilt als Vorläufer der Museumsgründungen, denn, wie Friedrich seiner Begeisterung Ausdruck verlieh, war die Bildergalerie ein „extra Schloss nur für Bilder".

Ende des 18. Jahrhunderts keimten die ersten Ideen auf, die höfischen Kunstsammlungen der Öffentlichkeit zugänglich zu machen. Treibende Kraft dieser frühen Gedankenspiele war eine Frau, dazu noch eine bürgerliche: Wilhelmine Enke, die spätere Gräfin Lichtenau, langjährige Geliebte und engste Beraterin von König Friedrich Wilhelm II., dem Neffen Friedrich des Großen. Enke, die „preußische Pompadour", wie sie genannt wurde, stand in engem Kontakt mit führenden Gelehrten und Künstlern und erwarb wichtige Kunstwerke für die Berliner Sammlungen. 1795 genehmigte ihr der König eine einjährige Erholungs- und Bildungsreise nach Italien, er selbst konnte sie aus gesundheitlichen Gründen nicht

begleiten. Enke besuchte Rom, Herculaneum, die Uffizien in Florenz und die Vatikanischen Museen und lernte auf dieser Reise den englischen Gesandten in Neapel, William Hamilton, und Aloys Hirt kennen.

Hirt war ein angesehener deutscher Archäologe und Geschichtsforscher, der sich ab 1782 für mehrere Jahre in Rom aufhielt, wo er sich einen Namen als High-Society-Cicerone machte. Friedrich Wilhelm von Erdmannsdorff, die Herzogin Luise von Anhalt-Dessau, Johann Wolfgang von Goethe, Johann Gottfried Herder und die Herzogin Anna Amalia von Sachsen-Weimar-Eisenach führte er durch die ewige Stadt. Nach Preußen zurückgekehrt, wurde Hirt – wahrscheinlich mit Fürsprache von Enke, die inzwischen vom König zur Gräfin Lichtenau erhoben worden war – mit der Gründung der Berliner Universität 1810 Professor für Archäologie.

Bereits 1797 hatten Enke und Hirt Friedrich Wilhelm II. den Vorschlag unterbreitet, in Berlin ein Museum für die Bürger zu errichten. Doch wegen des frühen Todes des Monarchen noch im selben Jahr und den späteren Niederlagen gegen Napoleon in der Regierungszeit seines Sohnes sollten noch zwei weitere Jahrzehnte ins Land gehen bis zur Gründung eines ersten öffentlichen Museums.

Friedrich Wilhelm III. präsentierte sich zu Beginn seiner Regentschaft schüchtern, ernst und wenig selbstbewusst. Kein militärischer Stratege, keiner mit wissenschaftlichen Ambitionen, kein besonderer Kunstliebhaber. Eher jemand, der intensives Aktenstudium betrieb, der aber auch dafür bekannt war, dass er häufig zauderte, wenn es darum ging, unangenehme Entscheidungen zeitnah zu treffen. Legendär sein

bevorzugter Ausspruch, wenn etwas Unerwartetes eingetreten war: „Fatal, fatal!"

Erst der Zusammenbruch Preußens 1806 und der frühe Tod seiner geliebten Frau Luise vier Jahre später lösten im Leben des Königs eine allmähliche Kehrtwende aus. Endlich setzte er Reformen um, die früher selten das Planungsstadium überschritten hatten. Der Militärstaat Preußen sollte sich in einen Kulturstaat verwandeln. Die Berufung Wilhelm von Humboldts 1809 an die Spitze des Kulturresorts beim Innenministerium war dafür eine ideale Voraussetzung. Das sich emanzipierende Bürgertum hatte einen großen kulturellen Nachholbedarf. Jahrhundertelang waren die höfischen Kunstsammlungen vor der Öffentlichkeit abgeschottet gewesen. Jetzt sollte ein öffentliches Kunstmuseum entstehen.

Mit dem Beschluss des Baus des Königlichen Museums 1810 beauftragte der König Wilhelm von Humboldt mit der Zusammenstellung einer hochkarätigen Kunstsammlung. Bisher waren die Kunstschätze über die königlichen Schlösser großflächig verstreut.

Das allererste für eine gebildete Öffentlichkeit zugängliche Museum in Preußen entstand 1815 in Breslau: das Königliche Museum für Kunst und Altertümer. Auch das Wort „Museum" tauchte hier erstmalig als Begriff auf. Das griechische „museion" stand für die Heiligtümer der neun Musen, den Schutzgöttinnen der Künste.

Währenddessen wuchsen die royalen Kunstsammlungen weiter an. 1815 erwarb Friedrich Wilhelm III. Teile der Kunstsammlung der italienischen Adelsfamilie Giustiniani, 1821 Teile der Sammlung des britischen Kaufmanns Edward Solly.

Dem König schwebte vor, den Königlichen Marstall, dort wo sich heute das Gebäude der Staatsbibliothek Unter den Linden befindet, oder die Kunstakademie Unter den Linden, heute die Akademie der Künste am Pariser Platz, umzubauen. Doch 1822 nutzte der kunstliebende Kronprinz, der spätere Friedrich Wilhelm IV., die Abwesenheit seines Vaters in Italien und setzte alle Hebel in Bewegung für einen Neubau. Standort: am Lustgarten gegenüber des Berliner Schlosses.

Im April 1823 schließlich schwenkte der König auf die Linie seines Sohnes ein und ernannte Karl Friedrich Schinkel zum Architekten des Projektes. Am 3. August 1830 eröffnete Friedrich Wilhelm III. an seinem 60. Geburtstag das Königliche Museum. Für die Berliner war es schlicht, aber dennoch vielsagend nur: das „Museum".

Hintze, Johann Heinrich: Das Königliche Museum in Berlin, von der Schloßfreiheit aus gesehen, um 1832 © Stadtmuseum Berlin, Oliver Ziebe

Goldgräberstimmung am Nil

Mit der Zurschaustellung der vormals streng privaten royalen Sammlungen in der Öffentlichkeit ging eine Begutachtung der Qualität des Gezeigten einher. Damit wuchsen Druck und Wettbewerb, etwas besonders Wertvolles oder Außergewöhnliches zu präsentieren. Kunstwerke aus dem alten Ägypten boten sich an. Die Mystifizierung Ägyptens setzte bereits im Mittelalter auf Grund der nicht lesbaren Hieroglyphen, der „heiligen Zeichen", ein. Im 18. Jahrhundert waren ägyptische Kunstwerke in europäischen Schlössern, Parkanlagen und im öffentlichen Stadtraum längst keine Seltenheit mehr.

Die preußische Residenzstadt Potsdam wartete mit einer Vielzahl von Ägypten-Bezügen auf: Obelisken auf dem Alten Markt, als Stadttor, am Eingang des Parks Sanssouci, Marmorsphinxen unterhalb der Weinbergterrassen des gleichnamigen Schlosses. Im Marmorpalais im Neuen Garten richtete sich Friedrich Wilhelm II. ein „Orientalisches Kabinett" als einen ganz besonderen Raum ein, Bewunderung für eine Kunst, die klare, zeitlose, auf das Wesentliche reduzierte Formen idealisierte. In der nahegelegenen Pyramide lagerten Mitarbeiter der Schlossküche das im Winter auf dem Heiligen See gebrochene Eis für die Kühlung von Getränken.

Die ägyptische Kunst beeinflusste die Monumental- und Innenarchitektur, aber auch die Porzellanindustrie und die Kleinkunst profitierten von ihr. Ägyptische Symbole veredelten bald Briefpapier, Kaffeetassen und Schmuckkästchen. Höhere Kreise kamen zu privaten Feiern zusammen, bei denen sich die Anwesenden als Pharaonen verkleideten.

Pyramide im Neuen Garten in Potsdam, Krüger/Langhans 1792
© *Johannes Westerkamp*

Auslöser für diese Ägyptenbegeisterung in Europa war die Ägyptische Expedition von Napoleon Bonaparte von 1798 bis 1801. Zunächst einmal eine militärische Unternehmung, die jedoch kläglich scheiterte. 36.000 Soldaten sollten die Ägypter in einem Gebiet befreien, das die englische Krone für sich beanspruchte. Bereits zu Beginn versenkten die Briten unter Admiral Nelson in der Seeschlacht von Abukir die französische Flotte, das Expeditionsheer Napoleons saß ohne Rückkehrmöglichkeit in Ägypten fest. Im März 1801 erfolgte die endgültige Niederlage durch die Engländer.

Auch wenn die Expedition ein militärischer Fehlschlag war, führte sie zu bedeutenden wissenschaftlichen Entdeckungen – denn Napoleon wurde von einer Expertengruppe von knapp 170 Wissenschaftlern, Ingenieuren und Künstlern

begleitet. Eine mehrbändige Text- und Bildsammlung dokumentierte später die Ergebnisse der Expedition. Sie gilt als die Geburtsstunde der wissenschaftlichen Ägyptologie.

Bedeutendste einzelne Entdeckung war der Fund des „Steins von Rosette" am 15. Juli 1799. Er war das Fragment einer Stele aus Granodiorit mit einem dreisprachigen Priesterdekret aus dem Jahr 196 v. Chr., das den ägyptischen König Ptolemaios V. als Wohltäter rühmte. Die Wissenschaftler fanden den 760 Kilogramm schweren Stein im Fort St. Julien, einer Befestigung in der Nähe des Ortes Raschid, französisch Rosette, im Nildelta östlich von Alexandria. Nach Napoleons Niederlage 1801 beschlagnahmten die Engländer den Stein, um ihn anschließend im Britischen Museum in London auszustellen, wo er sich noch heute befindet. Zuvor war es den Franzosen noch gelungen, Abdrücke anzufertigen.

1822 erwarb der französische König Ludwig XVIII. die restlichen Teile des Steins von dem Sammler Sebastien Louis Saulnier für 150.000 Francs. Jetzt konnte der Sprachwissenschaftler Jean-François Champollion die Hieroglyphen auf dem großen Relief an ihrem Ausstellungsort im Louvre in Paris genau unter die Lupe nehmen. Der „Stein von Rosette" trug dann auch maßgeblich zur Entzifferung der altägyptischen Hieroglyphen bei. Im Herbst 1822 fand Champollion heraus, dass es sich bei den „heiligen Zeichen" nicht um eine Bilder-, sondern um eine alphabetische Schrift handelte.

Die Wissenschaftler der Ägyptischen Expedition Napoleons waren Multiplikatoren für ein immer größer werdendes Interesse in Europa an der altägyptischen Kultur. Die Jagd nach den archäologischen Schätzen des Landes war angeblasen und mit ihr der Ausverkauf des kulturellen Erbes

Ägyptens. Die Jäger waren Grabräuber und Raubgräber zugleich und kamen aus unterschiedlichen Milieus: Reisende und Forscher nahmen mit, was und so viel sie wollten. Auch Abenteurer fanden ihren Weg nach Ägypten, Profiteure und moderne Raubritter jagten sich gegenseitig die Beute ab, ortsansässige Arbeiter schälten mit bloßen Händen Artefakte aus dem Wüstenboden, um ihre Familien ernähren zu können. Ganz oben in der Hierarchie befanden sich Diplomaten, die – geschützt durch ihren rechtlichen Status – dank ihrer Kontakte und Beziehungen einen schwunghaften, äußerst lukrativen Handel mit den Artefakten betrieben und sich zudem die schönsten Fundstücke in die eigene Sammlung einverleiben konnten. Einigen gelang es, mit Billigung von Ali Pascha, dem Governeur der osmanischen Provinz Ägypten, monopolartig Handel mit Antiken zu betreiben.

In Europa bemühten sich unterdessen die großen Museen, ihre Sammlungen mit Kunstwerken aus Ägypten aufzuwerten. Führende Kulturmetropole sollte sein, wer über die beste Sammlung verfügte. Ein Wettlauf der Großmächte setzte ein.

Die Regierungen beauftragten, inoffiziell, ihre zumeist in Alexandria ansässigen Generalkonsulate, entsprechende Kunstlieferungen zu organisieren. Diese Konsulate wiederum delegierten die Aufgabe an gut vernetzte Kunstagenten, meist Europäer, die – aus einer anderen Berufssparte kommend – umgesattelt hatten und sich mit Land und Leuten bestens auskannten. Diese Residenten zeigten sich sehr flexibel, waren niemandem gegenüber verpflichtet, arbeiteten zuweilen für die Konkurrenz, solange die Entlohnung stimmte. Sie mussten sich auch mit den türkisch-ägyptischen Behördenvertretern arrangieren, die unverhohlen Bestechungsgelder

einforderten, und mit den Fellachen, die für ihre Ausgrabungen ebenfalls möglichst hohe Gewinne einstreichen wollten.

Es ging alles andere als zimperlich zu. Die Auseinandersetzungen fanden ihren Höhepunkt im "Krieg der Diplomaten". Hauptakteure waren der britische Generalkonsul Henry Salt und sein Amtskollege Bernardino Drovetti, der Frankreich vertrat. In den 1820ern waren die Fronten bereits weitgehend geklärt, der Hauptanteil am Handel mit Antiken unter den Generalkonsuln aufgeteilt. Das erzielte Übereinkommen ließ Drovetti auf dem rechten und Salt auf dem linken Nilufer frei agieren. Jeder Reisende, der nach Ägypten kam, um antike Kulturgüter zu erwerben oder archäologische Forschungen zu betreiben, war zwangsläufig zur Zusammenarbeit mit diesen Herren angewiesen.

Henry Salt war ein englischer Diplomat und Ägyptologe. 1815 wurde er als englischer Generalkonsul in die ägyptische Hauptstadt Kairo berufen. Er trug eine ansehnliche Sammlung an Artefakten zusammen wie den Kopf einer Statue von Ramses II., den er an das Britische Museum in London weiterreichte, oder den Sarkophag von Ramses III., den er dem Louvre-Museum in Paris verkaufte.

Der erfolgreichste Kunstagent auf der Gehaltsliste von Salt war Giovanni Battista Belzoni, ein italienischer Abenteurer aus Padua, Ingenieur und Akrobat. Der Zweimeter-Hüne tingelte durch Europa und trat in London als Kraftathlet auf, wo er eine menschliche Pyramide aus bis zu zwölf Personen auf einem Metallgerüst in die Höhe stemmte und herumtrug. Im Juni 1815 reiste er nach Ägypten, um als Maschinenbauer für Bewässerungsanlagen sein Glück zu versuchen. In Kairo lernte er Salt kennen. Dieser beauftragte ihn, eine Expedition

nach Theben durchzuführen, um von dort den oben erwähnten sieben Tonnen schweren Kopf der Ramses-Statue nach London zu transportieren. Belzoni legte später den Tempel von Abu Simbel sowie die Anlagen von Karnak frei. Er war der erste Europäer, der die Oase Siwa besuchte. Da Belzoni wiederholt Ausgrabungen auf eigene Faust – und damit eigene Rechnung – durchführte und vorgab, im Auftrag Salts zu handeln, kam es zwischen den beiden schließlich zum Zerwürfnis. Im März 1820 war Belzoni bereits wieder nach London zurückgekehrt. Seine Entdeckungen präsentierte er in einer Ausstellung im Mai 1821 in der Egyptian Hall in Piccadilly, die wegen des großen Interesses fast ein Jahr geöffnet blieb.

Giovanni d´Athanasi war ein griechischer Kunsthändler. Im März 1813 trat er als Dolmetscher für Arabisch und Türkisch in den Dienst des englischen Generalkonsuls. Belzoni hatte bei seiner ersten Expedition nach Oberägypten Probleme mit der Verständigung gehabt, und so entschied Salt, ihm d'Athanasi zur Seite zu stellen. Nach dem Zerwürfnis der beiden versorgte d'Athanasi den Diplomaten mit Kunst. Er war es auch, der nach dem Tod Salts 1827 dessen Sammlung nach London brachte, wo er selbst Ende 1854 verarmt starb.

Der italienische Sammler Bernardino Drovetti arbeitete ab 1829 als Generalkonsul für Frankreich in Ägypten. Ein ihm vertrauter Posten, hatte ihn Napoleon bereits 1803 als Diplomaten dorthin entsandt. Sein Interesse an Ausgrabungen und Kunstwerken war ungebrochen. Zahlreiche Agenten arbeiteten in seinem Auftrag. Antiquitäten verkaufte er – stets an den Höchstbietenden. Auch seine eigene Sammlung wuchs stetig. In Diensten von Drovetti stand sein Landmann Antonio Lebolo. Er beaufsichtigte Ausgrabungen hauptsächlich in

Luxor. Dort entdeckte er 1817 eine Cachette, ein ausgedehntes Mumien-Depot, ursprünglich angelegt zum Schutz vor Grabräubern. Einige dieser gut erhaltenen Mumien erwarb das Ägyptische Museum in Berlin als Sammlung Drovetti.

Giovanni Anastasi, nicht zu verwechseln mit Giovanni d´Athanasi, war ein griechischer Antikenhändler. Von 1828 bis 1857 als schwedischer Konsul in Ägypten tätig, handelte er vor allem mit Antiken, die er direkt von Ortskräften in Sakkara und Theben übernahm. 1828 verkaufte er einen großen Posten von rund 6.000 Artefakten an die holländische Regierung für das Museum in Leiden.

In Ägypten selbst war zu dieser Zeit der Ausverkauf des kulturellen Erbes eher Randthema. Den immensen Abfluss altägyptischer Kulturgüter hinterfragten die Einheimischen selten. Zu viele profitierten von den einträglichen Geschäften. Zudem waren die Artefakte in Hülle und Fülle vorhanden. Erst allmählich setzte eine Sensibilisierung ein verbunden mit der Einsicht, dass der Handel, wenn nicht gestoppt, reguliert werden müsste.

Ende des 18. Jahrhunderts war Ägypten formell Bestandteil des Osmanischen Reichs. 1517 von den Osmanen erobert, folgte der wirtschaftliche Niedergang, Ägypten verkümmerte zu einer der ärmsten Provinzen. Die Istanbuler Zentralregierung ließ die Stämme im Niltal und den angrenzenden Wüsten jedoch relativ unabhängig agieren. Die politisch Verantwortlichen zeigten sich zunächst weitgehend desinteressiert am Verbleib der Kunstschätze im eigenen Land, erlaubten die massenhafte Ausfuhr nach Europa. Die Museen in London, Paris, Berlin und Turin füllten sich.

Die Wirren nach der Napoleonischen Invasion nutzte der Offizier Muhammad Ali Pascha, um 1805 an die Macht zu gelangen. Bis 1848 blieb er Gouverneur der Osmanischen Provinz Ägypten. Ali Pascha – den Titel „Pascha" trug er, weil er Jahre zuvor Gouverneur von Dschiddah war – betrieb zügig den wirtschaftlichen Anschluss des Landes an Europa. Er schickte nicht nur Einheimische zu Ausbildungszwecken ins westliche Ausland, sondern holte auch europäische Fachleute zur Schaffung einer modernen Infrastruktur und Verwaltung ins eigene Land. Die Bewahrung des kulturellen Erbes stand auf seiner persönlichen Agenda nicht weit oben. Erst im Sommer 1835 erließ er die erste ägyptische Antikenverordnung und gründete den Service des Antiquités de l'Egypte, um die weitere Plünderung archäologischer Schätze sowohl durch einheimische als auch ausländische Schatzsucher zu unterbinden. Die Ausfuhr von antiken Kulturgütern war jetzt zwar grundsätzlich untersagt, doch es gab Schlupflöcher in der Gesetzgebung und der praktischen Auslegung. Dies nutzte selbst Ali Pascha aus, als er 1836 die Schenkung eines Obelisken aus Luxor an Frankreich veranlasste. Noch heute befindet sich das Monument auf dem Place de la Concorde in Paris. Unter französischer Führung entstand das Ägyptische Museum in Kairo, das sich zur zentralen Sammlung für altägyptische Kunst entwickelte. Heute beherbergt das Ägyptische Museum in Kairo die mit Abstand größte Sammlung altägyptischer Kunstwerke der Welt.

Couder, Auguste: Muhammad Ali Pascha, Ölgemälde 1841

Wettkampf unter Europas Museen

In der ersten Hälfte des 19. Jahrhunderts nahm der Druck auf die großen Museen in Europa weiter zu, der Öffentlichkeit ganz besondere Kunstwerke zu präsentieren. Altägyptische Artefakte standen ganz oben auf der Wunschliste, nicht zuletzt um das Ansehen des jeweiligen Landes im Ausland weiter zu befördern. Die Verantwortlichen legten ihr Augenmerk auf den Ankauf ganzer privater Sammlungen, mit denen sie auf einen Schlag bereits vorsortierte, quantitativ und qualitativ herausragende Kollektionen erstehen konnten.

Im Britischen Museum in London befindet sich die größte Sammlung altägyptischer Artefakte außerhalb Ägyptens. Hauptattraktion der mehr als 100.000 Objekte ist der „Stein von Rosette". Das Louvre-Museum in Paris zählt ungefähr die Hälfte an altägyptischen Kunstwerken. Das italienische Turin beherbergt mit dem Museo Egizio das älteste eigenständige Ägypten-Museum der Welt, gegründet 1824, mit einer Sammlung, die sogar mit der des Vatikans konkurrieren kann. Die Ägyptisch-Orientalische Sammlung des Kunsthistorischen Museums in Wien gehört ebenfalls zu den bedeutenden Museen in Europa.

Über das damalige Sammelfieber resümierte Anfang des 19. Jahrhunderts der Professor für Archäologie an der Berliner Universität, Aloys Hirt:

„Von Privatsammlungen scheinen jetzt die von Salt und Drovetti die wichtigsten zu sein. Aber nicht bloß diese sammeln. Es scheint, dass fast kein europäischer Agent, Handelsmann oder Reisender sich dort aufhält, der sich

Einer der ersten großen Sammler in der Geschichte der Ägyptologie im deutschsprachigen Raum war der Gelehrte Ulrich Jasper Seetzen. Zwei Jahre lang, von 1805 bis 1807, hielt er sich in Ägypten auf. Die Sammlung Seetzen umfasste schließlich rund 1.600 orientalische Handschriften und 3.500 altägyptische Kunstwerke. Gefördert von Herzog Ernst II. von Sachsen-Gotha-Altenburg sind viele Objekte noch heute in der Forschungsbibliothek in Gotha erhalten.

Der böhmisch-österreichische Botaniker und Forscher Franz Wilhelm Sieber bereiste Ägypten von 1818 bis 1819. Später erwarb der bayrische König die Sammlung Sieber für die Königlich Bayerische Akademie der Wissenschaften in München.

In Preußen war sich König Friedrich Wilhelm III. um das Prestige einer eigenen Ägyptischen Sammlung bewusst. Sein Wunschtraum, zukünftig London und Paris Paroli bieten zu können, rückte in noch weitere Ferne, als Champollion am 27. September 1822 im Institut de France in Paris seine Arbeit zur Entschlüsselung der Hieroglyphen vorstellte – in Anwesenheit des zu diesem Zeitpunkt in der französischen Hauptstadt lebenden Forschers Alexander von Humboldt. Fünf Jahre später war Humboldt wieder nach Berlin zurückgekehrt, nicht müde werdend, sich für die Ägyptologie als eigenständige Wissenschaft einzusetzen. 1833 schließlich stellte die Berliner Akademie der Wissenschaften Mittel zur Verfügung, die es einem jungen Gelehrten ermöglichen sollten, sich

eingehend mit der neuen Wissenschaft zu beschäftigen. Die Wahl fiel auf den gerade promovierten Richard Lepsius, einen begabten Altphilologen, Archäologen und Linguisten.

Als dessen Mentor war Alexander von Humboldt vorgesehen. Zwei Jahre später vergab die Akademie ein weiteres Stipendium an Lepsius: 500 Taler, um 1836 ein Jahr lang am Deutschen Archäologischen Institut in Rom zu arbeiten. Während eines Studienaufenthaltes in Paris widmete sich Lepsius Champollions Schriften. Bei seinen Forschungen über die Hieroglyphen begann er genau dort, wo Champollion aufgehört hatte. Seine erste ägyptologische Arbeit publizierte Lepsius 1837 und vollendete damit Champollions nicht vollständig gelungene Entzifferung. Alexander von Humboldt war von Lepsius so angetan, dass er seinen Schützling König Friedrich Wilhelm III. gegenüber als Leiter eines zukünftigen Ägyptischen Museums in Berlin ins Spiel brachte. 1839 hatte sich Lepsius nach einem Besuchsmarathon in nahezu allen europäischen Museen einen persönlichen Überblick über die dort vorhandenen altägyptischen Artefakte verschafft.

Ende 1840 – der neue König Friedrich Wilhelm IV. hatte gerade die Regierungsgeschäfte seines verstorbenen Vaters übernommen – beantragte Lepsius eine Expedition an den Nil, die der Monarch auch wenige Tage später genehmigte. Die stattliche Summe von 45.000 Talern stellte er aus seiner eigenen Schatulle zur Verfügung, später kamen noch einmal 50.000 Taler für die Veröffentlichung der Expeditionsergebnisse hinzu. Zwei Jahre dauerten die Planungen für die groß angelegte Forschungsreise. Ein ausgewähltes Team von Wissenschaftlern und Künstlern unterstützte Lepsius.

Frey, Johann Jakob: Lepsius-Expedition nach Ägypten: Hissen der preußischen Flagge auf der Großen Pyramide von Gizeh © SMB Ägyptisches Museum und Papyrussammlung

Die Expedition startete im Oktober 1842 und dauerte insgesamt drei Jahre. Sie war perfekt organisiert, die Ausbeute immens: Die Wissenschaftler erfassten alle zugänglichen antiken Stätten und Denkmäler, dokumentierten allein in Gizeh und Memphis 130 Gräber und 67 Pyramiden, erforschten und vermaßen Nekropolen und Tempel und fertigten tausende Zeichnungen von Reliefs und Inschriften an. Vizekönig Ali Pascha erteilte Ausnahmegenehmigungen für Ausgrabungen und für die Ausfuhr ägyptischer Altertümer, was er in den Jahren zuvor noch strikt abgelehnt hatte. Die Publikation der Ergebnisse der Expedition übertraf in ihrer Präzision und

Vollständigkeit die wissenschaftlichen Veröffentlichungen des Napoleon-Feldzugs. Mit rund 15.000 Aegyptiaca sorgte die Lepsius-Expedition dafür, dass das Ägyptische Museum in Berlin Weltruf erlangte und Preußen für Jahrzehnte die Spitzenposition in der Ägyptenforschung einbrachte. Lepsius‘ weiterer Karriere stand nichts im Wege. Nach seiner Berufung auf den neu geschaffenen Lehrstuhl für Ägyptologie wurde er 1850 ordentliches Mitglied der Akademie der Wissenschaften.

Doch Lepsius´ Expedition war nicht die erste preußische Expedition nach Ägypten. Bereits 22 Jahre zuvor, 1820, hatte sich ein anderer Forschungsreisender auf das Abenteuer Ägypten eingelassen. Sein Name: Heinrich Menu von Minutoli, den alle nur den „General“ nannten.

Heinrich Menu

Heinrich Menu von Minutoli wurde am 12. Mai 1772 in Genf geboren. Sein Taufname lautete allerdings auf „Nicolas Jean Henri Benjamin Menu". Im Staatsarchiv Genf hat sich der Taufeintrag vom 15. Mai desselben Jahres erhalten.

Mehr über die Hintergründe seiner Namenserweiterung im übernächsten Kapitel „Heinrich Menu von Minutoli". Bis dahin wird er als „Heinrich Menu" bezeichnet.

Seine Jugend verbrachte Heinrich Menu auf dem elterlichen Landgut Petit Morillon am Genfer See mit zahlreichen prächtigen Landhäusern und ausgedehnten Gartenanlagen in der Nachbarschaft. Von hier aus genoss er eine der schönsten Aussichten auf den Montblanc.

Im Oktober 1782 wechselte Heinrich in die fünfte Klasse des Gymnasiums illustre in Karlsruhe. Der Reiseschriftsteller und spätere Prinzenerzieher in Preußen, Friedrich Leopold Brunn, stellte fest, es hätte damals nur wenige deutsche Schulanstalten gegeben, an denen so viele geschickte und gelehrte Männer (als Lehrer) vereinigt gewesen wären wie in Karlsruhe. Ungeachtet dessen verließ der junge Menu bereits zwei Jahre später wieder die Bildungsstätte und begann, sich auf eine Militärlaufbahn vorzubereiten. Dazu ließ er sich zunächst von einem österreichischen Ingenieur-Hauptmann in militärischen Dingen ausbilden.

Triebfeder für Menus Berufsentscheidung war gewiss sein Onkel, der preußische General Ludwig Moritz von Lucadou. 1779 war dieser im Bayrischen Erbfolgekrieg Friedrich dem Großen durch besondere Tapferkeit aufgefallen. Sein Nachfolger Friedrich Wilhelm II. setzte Lucadou 1792 als

Stadtkommandanten von Frankfurt am Main ein. Nach der Eroberung von Mainz wechselte Lucadou im Sommer 1793 als Kommandant vom Main an den Rhein, 1803 ernannte ihn König Friedrich Wilhelm III. zum Kommandanten der Festung Kolberg.

Im Juli 1786 trat der mittlerweile vierzehnjährige Menu auf Empfehlung von Friedrich dem Großen als Bombardier beim Feldartilleriecorps in den preußischen Heeresdienst ein. Kurz vor seinem Tod hatte der König, dem Menu mehr als 40 Jahre später eine Monographie widmen sollte, an den verantwortlichen Oberst geschrieben:

„Wenn der junge Menu (…) so viel Fähigkeiten besitzet, dass wirklich etwas an ihm ist, so will Ich es wohl erlauben, dass Ihr ihn bei dem Feld Artillerie Corps als Bombardier annehmet."

Ab 1789 wurde Menu bei dem in Burg bei Magdeburg stationierten Füsilier-Bataillon „von Legat" zum Offizier ausgebildet. Menus Karriere beim Militär schien programmiert. Doch der 21. Mai 1793 machte seine langfristigen Pläne mit einem Schlag zunichte. Während des Ersten Koalitionskrieges gegen Frankreich zog sich Menu bei der Verteidigung der bei Mainz gelegenen, ehemaligen schwedischen Festung Gustavsburg eine schwere Verwundung seines linken Armes zu. Bis an sein Lebensende blieb er gehandicapt.

In der Nacht vom 20. auf den 21. Mai 1793 war Menu als Wachposten in der Sächsischen Schanze eingeteilt, der Ruine der ehemaligen schwedischen Festung Gustavsburg. Sie war mit einigen schweren 24-Pfünder-Geschützen besetzt, den

„Würzburger Aposteln". In seinem Buch „Militärische Erinnerungen" von 1845 schilderte Menu detailliert die mehr als 50 Jahre zurückliegenden Ereignisse:

„Gegen Abend erschien der Prinz Louis Ferdinand von Preußen, der unsere Anlagen auf der Gustavsburg gerne kennenlernen wollte (...) Franzosen setzen mit Booten von Weisenau aus über den Rhein zur Insel Bleiau (...) Der Referent beschloss umso mehr, diesen Posten, im Sinne des Wortes, bis auf den letzten Mann zu verteidigen, als von dessen Erhaltung oder Verluste das Wohl und Wehe der Gustavsburg und aller unserer auf der Rheinspitze angelegten Batterien abhing. Er war daher bemüht, seine Leute so versteckt als möglich, so wie auch ein wohlgenährtes Feuer, Seitens ihrer, zu erhalten, bei welcher Gelegenheit er stets in Bewegung war, und sich folglich dem feindlichen Feuer aussetzen musste, welches, wie er genau gewahren konnte, besonders gegen seine Person gerichtet war, in dem hunderte von Kugeln über und neben ihm herschwirrten, bis ihm endlich eine derselben den linken Ellbogen zerschmetterte, so dass der Vorderarm heruntersank. Heftig war der Schmerz und groß der Blutverlust; allein er blieb dessen ungeachtet bei seinem Trupp und leitete noch geraume Zeit stehend und sich bewegend seine Soldaten, bis endlich eine an Ohnmacht grenzende Mattigkeit ihn zwang, sich niederzusetzen und, den Degen noch in der Hand haltend, das Gefecht mit aller möglichen Lebhaftigkeit fortsetzen zu lassen."

Reste der ehemaligen schwedischen Festung Gustavsburg bei Mainz
© Guido Gräf

Menus Genesung verlief schleppend, weshalb er knapp ein Jahr in Frankfurt am Main verbrachte. Die Schwere seiner Verwundung hatte für ihn auch andere Konsequenzen. Anfang 1794 wurde er aus dem aktiven Felddienst entlassen mit der neuen Verwendung: Ausbilder am adligen Kadettenkorps in Berlin. Zwar sollte er seinen Dienst bereits am 21. Januar antreten, doch Menus Genesung verzögerte sich weiter, vielleicht auch den neuen Umständen mitgeschuldet. Ungeachtet der langen Genesungszeit wollte die Armwunde nicht verheilen. Noch Jahrzehnte später plagten Menu starke Schmerzen und Fieberattacken. Mehrfach suchte er deshalb Linderung in Heilbädern in Norditalien. Am 4. April 1794 verließ er endgültig Frankfurt, um acht Tage später die preußische

Hauptstadt zu erreichen. Am adligen Kadettenkorps verbrachte er die folgenden sechzehn Jahre bis 1810, ab 1797 als
Leiter der Ausbildung.

Adliges Kadettenkorps

Der Große Kurfürst gründete das Kadettenkorps mit den
Anstalten in Kolberg, Magdeburg und Berlin. Es handelte
sich um weiterführende Schulen bis zum Abitur, die der
Vorbereitung auf eine militärische Laufbahn dienten. In
Berlin waren die Kadetten bis 1777 im alten Kadettenhaus
im ehemaligen Hetzgarten auf der Bastion 9 der geschleif-
ten Festung Berlin untergebracht. Danach errichtete der
Architekt Georg Christian Unger ein neues Gebäude um
das alte herum, das er dann abtragen ließ. Technische In-
novationen hielten in der Neuen Friedrichstraße 13 Ein-
zug: Eine Maschine beförderte das Essen aus der Küche
auf die Tische im sich darüber befindenden Großen Spei-
sesaal. Berlin-Touristen war es in den 1830er Jahren erlaubt, das Gebäude zu besichtigen. Der zeitgenössische
Berlin-Führer von Alexander Cosmar empfahl, sich den
Degen Napoleons anzuschauen, den General Blücher
1815 in der Schlacht bei Jemappes im heutigen Belgien er-
beutet und später der Anstalt geschenkt hatte. 1878 zog
das Kadettenkorps in neue Gebäude in Groß-Lichterfelde,
wo die Hauptkadettenanstalt bis 1920 angesiedelt war. Das
adlige Kadettenkorps nahm in der Regel Söhne verdienter
Militärs auf. Lehrer unterrichteten junge Adlige ab acht
Jahren in den Grundlagen des Militärwesens und bereite-
ten sie auf den Offiziersberuf vor.

Die vielfältigen Aktivitäten Heinrich Menus jenseits seiner Hauptanstellung in der Kadettenanstalt lassen vermuten, dass er sich zu jener Zeit um die Jahrhundertwende beruflich unterfordert fühlte oder aber Ablenkung suchte. Am 2. Juli 1801 gründete er die „Militärische Gesellschaft" mit acht Gleichgesinnten zur „wechselseitigen Mitteilung in allen Zweigen der Kriegskunst", wie es in der Satzung hieß.

Knapp zwei Monate später heiratete Menu. Die Auserwählte war die preußische Generalstochter Charlotte von Woldeck. Sie stammte aus Gnevikow, zehn Kilometer nordöstlich von Neuruppin. Der Kontakt kam über Charlottes Bruder Ernst zustande, der 1796 in die Kadettenanstalt eingetreten war. Auch Mutter von Woldeck war mit Menu bekannt, die – eine gute Partie witternd – einer Heirat der beiden nicht nur nicht im Weg stand, sondern die Eheanbahnung auch aktiv begleitete. Am 30. August 1801, nur Tage vor Charlottes 20. Geburtstag, heirateten die beiden in der kleinen Feldsteinkirche in Gnevikow. Drei Söhne gingen aus der Beziehung hervor. Der älteste, Adolph, brachte es bis zum Hofmarschall in den Diensten des Herzogs Bernhard II. von Sachsen-Meiningen. Sein Leben endete abrupt, als ihn Anfang April 1848 der Freund seines Lakaien aus dem Hinterhalt erschoss. Julius bekleidete 1847 für kurze Zeit das Amt des Polizeipräsidenten von Berlin. Der jüngste Sohn, Alexander, wurde preußischer Beamter und Kunstsammler. Menus Ehe mit Charlotte ging nach einem Dutzend Jahre in die Brüche. Im August 1812 reichte sie die Scheidung ein, ein recht ungewöhnlicher Schritt zur damaligen Zeit.

Mit seiner Versetzung an das adlige Kadettenkorps startete Menu auch eine Karriere als Schriftsteller. Rund 120

Publikationen stammen aus seiner Feder: Abhandlungen, Journal-Artikel und selbstständige Werke. So veröffentlichte er 1805, 1809 und 1810 in der „Neuen Berlinischen Monatsschrift" Beiträge über Altertumswissenschaften, 1843 „Beiträge zu einer künftigen Biographie Friedrich Wilhelms III.", 1845 „Militärische Erinnerungen", 1847 „Der Feldzug der Verbündeten im Jahre 1792" und 1795 „Taschenbuch für Offiziere der leichten Truppen".

Zu Beginn des 19. Jahrhunderts gründeten sich in Berlin zahlreiche Debattierclubs, Lesezirkel sowie Gesprächs- und Gesellschaftskreise. Einer dieser Vereine war die „Gesetzlose Gesellschaft zu Berlin", der Menu mehrere Jahre als Direktor vorstand.

Gesetzlose Gesellschaft zu Berlin

Der am 4. November 1809 gegründete Verein hatte keine Statuten, dafür aber organisatorische Festlegungen. Danach bestand unter dem Direktor Menu das einzige Gesetz dieser sonst gesetzlosen Gesellschaft in dem Beschluss, sich „alle 14 Tage im heiteren Freundeskreis beim Mittagessen" zu treffen. Mit der Aufnahmegebühr erwarb das Neumitglied einen Teil eines silbernen Humpens. Das Trinkgefäß mit dem eingravierten Datum „23. Dezember 1809" hatte die Gesellschaft aus Anlass der Rückkehr des Königs aus dem Exil nach Berlin angeschafft. Fortan galt der 23. Dezember als eigentlicher Stiftungstag, auf dem jährlich die Anwesenden den Humpen auf das Wohl des Königs leerten.

Menus großes Steckenpferd waren Altertumskunde und Archäologie. Schon während seiner Offiziersausbildung machte er sich mit Englisch, Italienisch, Griechisch und Latein vertraut, um mit Originalquellen arbeiten zu können. Seine erste Ausgrabung als Hobbyarchäologe führte er Ende des 18. Jahrhunderts in Wiesbaden durch. Die Ergebnisse stellte später Aloys Hirt der Akademie der Wissenschaften in Berlin vor. Anfang Mai 1820 ernannte das renommierte Institut Menu wegen seines großen Interesses an Archäologie und seiner Sammlung antiker Artefakte zum Ehrenmitglied.

Seit 1802 erwarb Menu antike Objekte aus anderen Privatsammlungen, sie füllten allmählich seine Wohnung. Er sammelte Gemälde, Skulpturen und kunstvoll gearbeitetes, altes Kirchengerät aus säkularisierten Klöstern. Im Laufe der Zeit schwoll sein Antikenkabinett auf mehr als eintausend Objekte an. Zudem war er als Gutachter für Gemälde, Miniaturen und antike Kleinkunst gefragt. Im November 1814 kam ein mit rotem Samt überzogener Sattel von Friedrich dem Großen in seinen Besitz.

Menu zeigte sich stets überaus kontaktfreudig und kommunikativ. In der Residenzstadt Berlin knüpfte er Verbindungen zu führenden Persönlichkeiten aus Militär und Wissenschaft. Der eigentliche Zugang zum Königshaus und zur Berliner Hofgesellschaft gelang ihm, als ihn König Friedrich Wilhelm III. zum Erzieher seines Sohnes Carl ernannte.

Der Prinzenerzieher

Der Ehe von Friedrich Wilhelm III. und Königin Luise entstammten zehn Kinder, von denen sieben das Erwachsenenalter erreichten. Der älteste Sohn folgte seinem Vater als Friedrich Wilhelm IV. nach. Der zweitgeborene Wilhelm wurde 1861 preußischer König und 1871 erster deutscher Kaiser. Die älteste Tochter Charlotte bestieg als Alexandra Fjodorowna den russischen Zarenthron.

Prinz Carl von Preußen kam als Drittgeborener am 29. Juni 1801 im Schloss Charlottenburg bei Berlin auf die Welt. Mit seinem zehnten Geburtstag durfte Carl seinen Vater in der Öffentlichkeit begleiten und erste Funktionen wahrnehmen. Die für einen preußischen Prinzen obligatorische militärische Ausbildung begann: Eintritt in die Armee als Sekondeleutnant im Garderegiment, Auszeichnungen und Beförderungen in regelmäßigen Abständen, Generalfeldzeugmeister, Chef der Artillerie. Doch eine Karriere in der Armee war für Carl keine Option. Er sollte eine andere Nische finden. Dafür wurden die Weichen kurz nach dem plötzlichen Tod seiner Mutter gestellt. Königin Luise hatte sich bis dahin selbst intensiv um die Ausbildung der Kinder gekümmert, ihnen Privatunterricht gegeben.

Im August 1810 suchte der Witwer händeringend nach neuen Erziehern. Empfohlen von mehreren Seiten wurde ihm der Leiter des adligen Kadettenkorps. Was qualifizierte Menu für diese Aufgabe? Er galt als einer der Offiziere mit einer profunden Allgemeinbildung, hatte sich als langjähriger Ausbilder einen Namen gemacht, beherrschte die Hofsprache Französisch, konnte Kenntnisse in Englisch, Griechisch und

Latein vorweisen und begeisterte sich für Altertumskunde, Archäologie und Sammlungen. Der König war sehr angetan. Bereits am 14. Dezember 1810, fünf Tage vor der Beisetzung von Königin Luise im Mausoleum im Park Charlottenburg, beförderte Friedrich Wilhelm III. Menu, zunächst in Vertretung, zum „Wirklichen Gouverneur" des Prinzen Carl. Die offizielle Ernennung erfolgte dann am „Ordenstag", dem 18. Januar 1811. Menu gehörte jetzt zum Hofstaat.

Ordenstag

Seit 1701 war der 18. Januar der „Krönungstag". Damals hatte sich Kurfürst Friedrich III. in Königsberg selbst zum König in Preußen gekrönt, nannte sich fortan Friedrich I. Seitdem wurden an diesem Tag in Preußen auch Orden und Ehrenzeichen verliehen. In der Ökonomisch-Technologischen Encyklopädie beschrieb Johann Georg Krünitz 1842 die festen Rituale im Berliner Schloss: „In Preussen werden an diesem Tage die neu ernannten Ritter und Inhaber von Ehrenzeichen, die in Berlin anwesend sind, und auch die vornehmsten ältesten Ritter auf dem Schlosse in dem weißen Saale und den angrenzenden Zimmern mit einem Gastmahle bewirtet. Die neuen Ritter und Ehrenzeichen-Inhaber empfangen von der General-Ordens-Kommission im Auftrage des Monarchen die für sie bestimmten Dekorationen und werden darauf von derselben in den Rittersaal geführt, wo in Gegenwart des Monarchen und des ganzen Hofes und der dazu eingeladenen Ritter von einem hohen königlichen Beamten die vollzogene Liste der neuen Verleihungen verlesen wird."

Für Menu war die neue Aufgabe mit einem Ortswechsel verbunden: Die ganze Familie zog in eine Dienstwohnung im hinteren Trakt des Königlichen Palais´ Unter den Linden vis-à-vis der gerade erst gegründeten Universität. Morgens und abends musste Menu mit dem nicht immer einfachen und zuweilen recht impulsiv reagierenden Prinzen in der Bibel lesen, beten und singen. Der Kammerdiener, alle Lakaien und Pagen, denen Menu gegenüber weisungsbefugt war, waren ebenfalls verpflichtet, daran teilzunehmen. Der Erzieher durfte den Prinzen niemals aus den Augen verlieren, außer wenn er sich gerade beim Vater aufhielt. Deshalb schlief Menu auch im selben Zimmer wie sein Zögling.

Menu steckte Prinz Carl schnell mit seiner Begeisterung und Leidenschaft für die Antike an. Der Altertümer- und Kunstsammler brachte nahezu jede Woche Neuerwerbungen als Anschauungsmaterial mit. Mal war es ein mittelalterlicher Humpen, mal der Sattel Friedrichs des Großen, dann wieder eine komplette Sammlung ostpreußischer Antiquitäten. Kein Wunder, dass Prinz Carl bald selbst dieser Leidenschaft erlag. Er begann, eine umfangreiche Sammlung antiker und mittelalterlicher Kunstwerke anzulegen. Dazu gehörten nicht nur Skulpturen, Sarkophagstücke und Kleinarchitekturen wie Säulen, Reliefs und Mosaiken. Auch auf Mineralien, Waffen, Rüstungen und mittelalterliche Metallkunst legte er sein Augenmerk. Nicht nur er: Unter dem Einfluss des neuen Lehrers legte auch Kronprinz Friedrich Wilhelm ähnliche Aktivitäten an den Tag. Stolz schrieb er seinem Erzieher Ancillon am 6. Dezember 1810: „Seit einiger Zeit habe ich und auch Carl die Leidenschaft für Antiken und andere Alterthümer." Von dem Ehrgeiz der beiden Brüder zeugen noch heute die Antiken in

den Römischen Bädern und im Schloss Charlottenhof im Park Sanssouci in Potsdam sowie in Schloss Glienicke auf Berliner Seite.

Scholz, Robert: Die Nordpergola des Casinos Klein-Glienicke, 1874

Mit dem Schloss Glienicke erhielt Carl noch vor seinen beiden älteren Brüdern ein eigenes Sommerschloss. Mit dem Um- und Ausbau des im Mai 1824 erworbenen Landgutes des preußischen Staatskanzlers Karl August Fürst von

Hardenberg beschäftigte sich der Prinz sein Leben lang. In seiner der Muße und den Musen geweihten Luxusresidenz genoss Carl seine Luxusexistenz.

Neben dem Architekten Karl Friedrich Schinkel und dem Gartenkünstler Peter Josef Lenné hatte auch Carl selbst wesentlichen Anteil an der Gestaltung der ausgedehnten Anlage. Schinkel und sein Schüler Ludwig Persius erfüllten Carls Traum von einer italienischen Villa in südlich anmutendem Ambiente als adäquaten Rahmen seiner ständig wachsenden Kunstsammlung. Anregungen dazu erhielt der preußische Prinz auf seinen insgesamt elf Italienreisen.

Zu einem herausragenden Objekt in Carls Sammlung wurde der Goslarer Kaiserstuhl. Im 11. Jahrhundert für den Salier Heinrich III. geschaffen, war er der Thron der deutschen Kaiser und Könige und befand sich in der Stiftskirche der Kaiserpfalz Goslar. 1819 war der Goslarer Dom baufällig und sollte abgebrochen werden. Zuvor wurde das Inventar versteigert. So erwarb Menu im November 1815 die metallenen Ranken-Ornamente der Arm- und Rückenlehne des Throns bei einer Altwarenhändlerin und gab sie 1820 an Prinz Carl weiter. Jahrzehntelang stand der Kaiserstuhl im Klosterhof des Schlossparks Glienicke. Bei der Eröffnungssitzung des ersten Deutschen Reichstags im Berliner Schloss am 21. März 1871 diente der Thron wieder als Sitz des Deutschen Kaisers Wilhelm I. Nach seinem Tod 1883 vermachte Carl den Kaiserstuhl der Stadt Goslar, wo er sich auch heute noch befindet.

Heinrich Menu von Minutoli

Seit Jahren hatte sich Menu mit dem Gedanken getragen, eine Expedition nach Ägypten zu unternehmen. Alexander von Humboldt hatte schon vor 1800 solche Planungen verfolgt, er bereitete sich akribisch vor, lernte Arabisch und Persisch. Napoleons Ägyptenfeldzug machte ihm jedoch einen Strich durch die Rechnung. Zwei Jahrzehnte später erschien die Zeit reif, solche Ideen wieder aufzugreifen. Der vom türkischen Sultan eingesetzte Ali Pascha hatte sich die Modernisierung Ägyptens auf die Fahnen geschrieben und knüpfte dazu Kontakt zu Europa. Bereits im Herbst 1819 war es Menu gelungen, die Preußische Gesandtschaft in Konstantinopel dazu zu bewegen, ihm einen Ferman für eine Reise durch das Osmanische Reich auszustellen. Ein solcher Schutzbrief war für eine Expedition in ein unsicheres, unerschlossenes Land unabdingbar. Menus Idee stieß beim Kronprinzen Friedrich Wilhelm auf offene Ohren, der sich daraufhin bereiterklärte, sich finanziell an dem Projekt beteiligen zu wollen.

Das Frühjahr 1820 war geprägt von hektischer Betriebsamkeit auf Seiten Menus, denn es galt, noch einige Fronten zu klären, was keinen Aufschub duldete. Zum einen war da sein Hauptberuf als Prinzenerzieher, was nicht mit einer längeren Abwesenheit hätte in Einklang gebracht werden können. So reichte er am 8. März 1820 mit dem turnusmäßigen Bericht über die Erziehung des Prinzen Carl bei Vater Friedrich Wilhelm III. seine Bitte um Entbindung von seinen Pflichten ein. Menu argumentierte, Carls Volljährigkeit stünde unmittelbar bevor, und er bedürfte jetzt nicht mehr seiner erzieherischen Überwachung. So endete am 21. März Menus Tätigkeit als

Governeur des Prinzen Carl. Damit erlosch auch sein Wohn-
recht im Königlichen Palais. Gleichzeitig bewilligte Friedrich
Wilhelm III. Menu eine lebenslange Pension von 1.200
Reichstalern aus dem Fonds des Kronfideikommisses. Dessen ungeachtet war Menu aber weiterhin Soldat, weshalb er
am 7. April einen zweijährigen Sonderurlaub von der Truppe
erhielt bei fortlaufenden Bezügen mit der Erlaubnis, Deutschland, die Schweiz, Italien und einen Teil des Orients bereisen
zu dürfen.

Zum anderen musste sich Heinrich Menu oder, wie er sich
bereits seit Jahren nannte, Heinrich Freiherr Menu von Minutoli mit einem Problem beschäftigen, das drohte, seine Re-
putation zu gefährden: die anhaltende und sich jetzt verschär-
fende Diskussion um seine eigenmächtige Namensänderung.
Offizielle und öffentliche historische Quellen belegen, mit
welcher Systematik und gebetsmühlenartigen Penetranz er
frühzeitig damit begann, seinen, ihm erscheinenden wahren,
Namen in den verschiedensten Bereichen der öffentlichen
Wahrnehmung zu platzieren. Behilflich war ihm dabei gewiss
der Umstand, dass Menu zu keiner Zeit einer Behörde gegenüber eine Urkunde vorzulegen hatte, die den Namenswechsel
glaubhaft begründete.

Führte das Schriftstellerlexikon von G. Chr. Hamberger
und J. G. Meusel ihn noch 1803 und 1805 als „Menu“, so
hatte er bereits fünf Jahre später erreicht, dass er als „Menu
von Minutoli“ Erwähnung fand. Aber damit nicht genug. Bereits zu dieser Zeit kokettierte er mit dem Zusatz „Freiherr“,
dem niedrigsten Rang des titulierten Adels. So lautete 1802
der Taufeintrag von Sohn Adolph: „dem Freiherrn von Menu
war ein Sohn geboren“. Ab 1814 benutzte Menu den

Freiherren-Titel in privaten Briefen, seit 1819 dann auch in der Öffentlichkeit. Zehn Jahre später sollte das preußische Innenministerium zum Ergebnis kommen, dass Menu im Staatshandbuch nicht mehr mit dem Freiherrentitel, sondern nur als „Exzellenz Herr von Minutoli" zu bezeichnen war.

Wie begründete Heinrich Menu seine adlige Abstammung? Seinen Kindern erzählte er Folgendes: Sein Vater hätte ihm von reichen adligen italienischen Vorfahren berichtet. Sein Ururgroßvater Paolino von Minutoli aus Lucca wurde wegen seines Bekenntnisses als Calvinist des Landes verwiesen. Sein Sohn Vincent stand in Lucca in einem Ketzerverzeichnis, und so folgte der Sohn 1597 seinem Vater nach Genf. Zunächst führten die Nachkommen weiter ihren italienischen Nachnamen, bevor sie in der Tradition der Einwanderer diesen ablegten und französisch klingende Familiennamen annahmen: „Menu". Die Eltern waren Daniel und Isabelle von Minutoli, geborene Lucadou. Der Vater stand mit dem Kurfürsten von Trier, Clemens Wenzeslaus von Sachsen, und dem Markgrafen Karl Friedrich von Baden in vielseitigen Beziehungen und erledigte für sie diplomatische Aufgaben. 1791 musste sein Vater vor in der Schweiz umherziehenden französischen Revolutionären nach Süddeutschland fliehen, weil sie ihn zu erschießen drohten. Seine Frau verbrannte die Familienpapiere aus Angst, als Adlige identifiziert zu werden. Soweit die Erzählung.

Menus Äußeres trug dazu bei, ihm seine italienische Abstammung abzukaufen: Er trug leicht krauses Haupthaar, sein Teint hatte eine Tendenz ins Dunkle, auch über sein „mulattenhaftes Äußeres" wurde getuschelt. Manchem alteingesessenen Berliner Adligen war der Emporkömmling eigener

Gnaden ein Dorn im Auge. Einige sprachen von Anmaßung. Im Frühjahr 1820, kurz vor der geplanten Expedition, wollte Menu reinen Tisch machen und seine bislang eigenmächtige Namensänderung auf rechtlich solide Füße stellen. So machte er am 27. April eine schriftliche Eingabe an den König:

„(…) Familienrücksichten veranlassen mich, den eigentlichen Namen meines Stammhauses: von Minutoli einzig und allein zu führen. Bitte um Erlaubnis."

Bereits am 7. Mai 1820 erteilte Friedrich Wilhelm III. dann

„Allerhöchst die Erlaubnis, unter Ablegung des bisherigen Namens „von Menu" in der Folge den ihres Stammhauses „von Minutoli" zu führen."

Der Erlaubnis folgte die königliche Order. Damit war für Heinrich und seine Nachkommen eine rechtliche Grundlage geschaffen, den Namen „von Minutoli" zu führen. Die Namensänderung betraf seine direkte Familie. Alle, auch seine geschiedene erste Frau, unterschrieben in der Folgezeit mit „Menu von Minutoli". Auf dem Grabstein von Bruder George auf einem Schweizer Grab auf dem Englischen Friedhof in Florenz ist zu lesen: „Georgio Menu de Minutoli".

Heinrich Menu von Minutoli, wie er ab jetzt durchgängig im Buch heißt, sollte Zeit seines Lebens auf der Suche nach seiner wahren Identität sein. Mit 62 Jahren bereiste er 1834 Italien, um mehr über seine möglichen adligen Vorfahren zu erfahren. In Neapel forschte er über die kaisertreuen Capece-Minutolis und die mittelalterlichen Auseinandersetzungen der

Hohenstaufen mit dem Haus Anjou. Er entdeckte eine Übereinstimmung der Wappen beider Familien: ein schreitender Löwe auf rotem Feld. Und er machte die Bekanntschaft mit dem Senior der Familie, dem 84jährigen Erzbischof von Tarent, Guiseppe Capece-Latro, der ihn auch gleich als einen deutschen Verwandten anerkannte.

Expeditions-Vorbereitungen

Heinrich Menu von Minutoli bereitete sich in der Manier von Alexander von Humboldt auf das größte Abenteuer seines Lebens vor. Er verschlang die wissenschaftlichen Veröffentlichungen der Ägyptischen Expedition Napoleons. Da er die französische Sprache in Wort und Schrift beherrschte, war er nicht auf eine deutsche Übersetzung angewiesen. Er las Reisebeschreibungen von antiken und neuzeitlichen Geschichtsschreibern und Reiseschriftstellern.

Doch weil die Vorbereitungszeit recht knapp bemessen war, musste Minutoli mit der heißen Nadel stricken und auf Kante nähen. Kein Wunder, dass es unrund lief und holperte. Hinzu kam, dass der vor ihm liegende Sommer denkbar ungünstig für den Start eines solchen Projekts war. Minutoli legte dennoch dem Königlichen Ministerium in Berlin sein Konzept vor, das dann auch auf allerhöchsten Regierungswunsch genehmigt und finanziert wurde: Die erste Preußische Expedition nach Ägypten nahm Gestalt an.

Minutoli behauptete später, die Reise aus eigenen Mitteln bestritten zu haben. Warum er versuchte, der Expedition einen privaten Anstrich zu verleihen, ob aus Geltungssucht heraus oder aus einem anderen Grund, ist unklar. Um einen solchen privaten Charakter der Expedition zu untermauern, hatte Minutoli ursprünglich geplant, seinen ältesten Sohn Adolph mitzunehmen. Doch dieser erkrankte im Vorfeld so schwer, dass er als Teilnehmer an der langen und strapaziösen Reise ausfiel. Minutoli brauchte Ersatz. Dringend.

Seine Wahl fiel auf Wolfardine von der Schulenburg, die neue Dame an seiner Seite, eine Freundin seiner Exfrau

Charlotte. Gerne ging sie auf sein Angebot ein, sich ihm anzuschließen. Sie hatten schon länger vorgehabt, zu heiraten. Jetzt, vor der Reise, war es sogar ratsam. Doch für eine Heirat brauchten sie eine behördliche Genehmigung. Das dauerte. Aber sie mussten los. Dann eben sollte in der Etappe geheiratet werden. Warum nicht in Triest? Dann konnte ihnen die Erlaubnis per Express-Post nachgeschickt werden.

Jetzt hieß es noch, sich um die weiteren Teilnehmenden der Reise zu kümmern. Die Akademie der Wissenschaften schrieb die Expedition aus. Mit der Leitung betraute sie – Minutoli. Und das, obwohl er wegen seiner Kriegsverletzung mit durchschossenem Ellenbogen – der linke Arm hing schlaff herab – ein starkes Handicap hatte. Aber als ehemaliger erfahrener Quartiermeister im Krieg gegen die Franzosen hatte er Organisationstalent und wohl auch diplomatisches Geschick bewiesen. Der preußische Generalleutnant sollte so viele Schätze wie möglich sammeln – als Grundstock für ein geplantes Ägyptisches Museum in Berlin. Die Expedition diente, so die offizielle Verlautbarung, der „antiquarischen Untersuchung der Nilländer zur Erweiterung der Kenntnis der ägyptischen Altertümer", aber auch naturwissenschaftlichen Interessen. Minutoli erhielt Empfehlungsschreiben des preußischen Staatskanzlers Fürst von Hardenberg. In diesen Schreiben wurden alle königlich-preußischen Konsulate um Aufmerksamkeit, Unterstützung und besondere Fürsorge für die Expeditionsmitglieder gebeten. Spezielle Empfehlungsbriefe für wichtige Städte und Regionen des Orients ließ ihnen aus Paris Alexander von Humboldt zukommen.

Als Expeditionsleiter beantragte Minutoli bei der Akademie der Wissenschaften finanzielle Unterstützung für die Mitreise

von zwei Naturforschern. Das Berliner Institut entschied sich für Christian Gottfried Ehrenberg und Friedrich Wilhelm Hemprich. Wilhelm Soellner aus Delitsch, ein Verwandter und guter Freund Ehrenbergs, wurde als Gehilfe beigestellt. Ehrenberg zählte zu den bekanntesten Wissenschaftlern in Preußen: Er war Zoologe, Geologe, Professor an der Friedrich-Wilhelm-Universität Berlin und ein Forschungsbegleiter Alexander von Humboldts. 23.000 Taler stellte die Akademie zur Verfügung, damit sich Ehrenberg eine geeignete Arbeitsausrüstung beschaffen konnte. Hemprich war ebenfalls Zoologe und ein Studienfreund Ehrenbergs. Er hatte in Breslau und Berlin Medizin studiert und anschließend promoviert.

Das Königliche Ministerium des Cultus und Unterrichts ließ den jungen Architekten Ludwig Liman aus Berlin als Zeichner mitreisen. Liman sollte bei der Inventarisierung und zeichnerischen Aufnahme der Bau- und Kunstdenkmäler behilflich sein. Weitere finanzielle Unterstützung bekam die Expedition durch den Preußischen Gesandten beim Heiligen Stuhl, Barthold Niebuhr, und den seit 1819 ständig in Rom lebenden Bruder des Königs, Prinz Heinrich von Preußen: Sie finanzierten die Teilnahme des Orientalisten und Theologen Johann Martin Augustin Scholz.

Als zentralen Treffpunkt vereinbarten die Expeditionsteilnehmenden das habsburgisch-österreichische Triest. Von dort wollten sie per Schiff weiter nach Ägypten reisen. Alles geschah jetzt unter einem enormen Zeitdruck. Am 23. Mai 1820 verließ Minutoli Berlin in Richtung Neapel. Hier wollte er sich mit Professor Liman treffen, was sich dann allerdings kurzfristig zerschlug. Dafür nahm der Expeditionsleiter auf seinem weiteren Weg nach Triest in Rom den Orientalisten

Scholz auf. Hemprich und Ehrenberg reisten am 15. Juni von Berlin aus über Breslau nach Wien, wo sie weitere wissenschaftliche Instrumente kauften, die sie aus der preußischen Hauptstadt nicht hatten mitnehmen können, wie Ehrenberg später in seinen Aufzeichnungen kritisierte:

„Nötige Sparsamkeit bei der Ausrüstung hinderte uns, andere Instrumente (z.B. ein Barometer) mit uns zu nehmen, und schmerzlich empfanden wir später deren Mangel (...) Die große Entfernung Berlins hinderte deren Zusendung auf unsere mehrfachen Wünsche."

In Wien erhielten die Wissenschaftler zudem ein eigenhändiges Empfehlungsschreiben des Fürsten Metternich an das Kaiserlich-Königliche Konsulat in Ägypten.

Am 21. Juli reisten die Wissenschaftler über Klagenfurt nach Triest, wo sie am 30. Juli ankamen. Hier trafen sie auf Minutoli und den Königlich Preußischen Konsul in Triest, Carl Friedrich Brandenburg, der den Auftrag hatte, der Expedition regelmäßig Abschlagszahlungen aus den bewilligten Finanzmitteln zukommen zu lassen.

Konsul Brandenburg war seit 1817 Chef der Königlich Preußischen Konsulatskanzlei. Sie befand sich im Zentrum in einem alten Palazzo auf der Piazza S. Nicolò 816. Jahre später, so Ehrenberg in seiner Reisebeschreibung, setzte Brandenburg seinem Leben ein Ende, nachdem systematische Unterschlagungen von Fondsgeldern ans Licht gekommen waren:

„(...) sondern vielmehr darin begründet waren, dass nicht die Mittel zur Vollendung einer größeren Reise gleich

anfangs in unseren Händen oder zur freien Disposition waren. Der anfängliche Reiseplan (...) erweiterte sich allmählich nach Maßgabe der neu hinzutretenden Fonds. Die Trennung der Gesellschaft hinderte die Ausführung der ersten Reise nach der Cyrenaica. Momentaner Mangel an Geld und Befehl zur Rückkehr, obwohl bald darauf durch die großmütige Unterstützung seiner Majestät des Königs neue bedeutende Summen dargereicht wurden, vereitelten den Plan zur Fortsetzung der Reise (...) und die Veruntreuung eben dieser Summen durch den damaligen Königlichen Consul Brandenburg in Triest, welcher sich entleibte, zerstörte den Plan zur Untersuchung des Roten Meeres im Jahre 1823."

Wer dachte, hier in Triest hätte nun endlich die gemeinsame Reise aller Teilnehmenden Richtung Ägypten begonnen, der irrte, denn Minutoli schlug zum Erstaunen der Gruppe vor, dass die Wissenschaftler ein eigenes, früher nach Alexandria auslaufendes Schiff nehmen sollten.

Capitain Ducovich war Chef an Bord der österreichischen Brigantine „Il Filosofo". „Welch würdiger Name eines Schiffes, das eine Gesellschaft Deutscher Gelehrter trug", schrieb das Geographische Institut Weimar 1829. Geplant für den 3. August, lief das Schiff schließlich drei Tage später aus. Doch bei dieser einen Verzögerung sollte es nicht bleiben. Am 11. August eröffnete der Kapitän den ungläubig dreinblickenden Passagieren, dass er zwei Tage in seinem Geburtsort Castel Nuovo am Eingang des Kanals von Cattaro Station machen wollte. Wegen widriger Windverhältnisse mussten die

Wissenschaftler insgesamt zwölf Tage dort ausharren. Am 23. August ging es endlich weiter. Anfang September 1820 erreichten sie schließlich den Zielhafen Alexandria, einen knappen Monat waren sie unterwegs gewesen, wahrlich kein gutes Omen für eine erfolgreiche Expedition.

Derweil hatte Minutoli noch etwas Wichtiges in Triest zu erledigen: Die notwendigen Papiere für die Hochzeit waren inzwischen angekommen, der Vermählung mit Wolfardine stand nichts mehr im Wege. Am 3. August heirateten die beiden in der Schweizer Kirche San Silvestro. Zwei Wochen später, am 17. August, hatte sich dann auch die zweite Expeditionsgruppe mit Reiseziel Alexandria in Marsch gesetzt. Wegen mehrerer Stürme auf See kamen sie erst am 7. September 1820 in Ägypten an.

Abenteuer Ägypten

Die Wissenschaftler waren einige Tage früher in Alexandria angekommen als der Minutoli-Tross. Sie nutzten die Zeit, um erste diplomatische Kontakte zu knüpfen. Der Königlich-Preußische Konsul in Ägypten, Alexandre Buccianti, war verreist, also führte sie ihr Weg zum österreichischen Amtskollegen Champion. Als Minutoli schließlich eintraf, ließ es sich der französische Generalkonsul Drovetti nicht nehmen, selbst in den Hafen zu kommen und sie auf ihrem Schiff zu begrüßen. Minutoli überreichte ihm den obligatorischen Empfehlungsbrief. Später statteten die Expeditionsteilnehmenden dem englischen Generalkonsul Salt einen Besuch ab, der sich zufällig in der Stadt aufhielt.

Der wichtigste Ansprechpartner für sie, der osmanische Statthalter in Ägypten, Vizekönig Ali Pascha, fehlte allerdings noch.

In seinem Reisebericht über seinen Ankunftstag, den 7. September, schrieb Minutoli später:

„An den Minister-Staatssekretär und ersten Dragoman seiner Hoheit des Paschas, den Herrn Boghos Jousouff, sandte ich noch denselben Abend das mitgebrachte Empfehlungsschreiben."

Jousouff sprach französisch und fungierte als Übersetzer, während der Pascha sich nur auf arabisch und türkisch verständigen konnte. Bereits in Triest hatte Minutoli mit dem Bruder des Minister-Staatssekretärs, Peter Jousouff, Kontakt aufgenommen, der als Agent des Vizekönigs in der aufstre-

benden Hafenstadt tätig war. Am 10. September war es dann so weit: Treffen mit Ali Pascha. Er selbst hielt ein Geschenk bereit, das er zu einem späteren Zeitpunkt überreichte, wie Minutoli schrieb:

Ali Pascha zeigte sich wohlwollend und sicherte der Expedition seine volle Unterstützung zu. Im Laufe der Reise sollte es sich jedoch herausstellen, dass dieses Hilfsangebot der Zentralgewalt keinen Freifahrtsschein bedeutete in dem riesigen Vielvölkerstaat Ägypten, in dem Lokalfürsten in ihrem Einflussbereich die unbestrittenen Machthaber waren und sich ansonsten relativ unkooperativ verhielten.

Ali Pascha bot der Gruppe Verpflegung und Fahrzeuge für die Reise nilaufwärts unentgeltlich an. Minutoli wollte jedoch nicht von ihm abhängig sein und stellte deshalb selbst einen Karawanenzug zusammen. Anführer dieser Karawane war das Oberhaupt eines libyschen Beduinenstammes, der jedoch vom ersten Tag an Sand ins Getriebe streute: In einigen Landesteilen galt der Libyer als persona non grata. Befehle, Boten vorauszuschicken, um Genehmigungen einzuholen, führte er nicht aus oder änderte sie eigenmächtig ab. Geldforderungen standen stets im Raum, die Machtkonstellationen unter den

Arabern waren unübersichtlich, es herrschte großes Misstrauen untereinander, wie Minutoli feststellen musste:

„Die mitreisenden Araber aus verschiedenen Stämmen (...) waren sich in einem Punkt immer einig, in ihrer Feindschaft gegen uns."

Aber auch im Expeditionsteam selbst knirschte es. Schon bei der Ankunft in Alexandria zeigte sich die Reisegruppe heillos zerstritten. Die Verquickung von Privatem und Dienstlichem missfiel den Wissenschaftlern. So sorgte die Heirat von Minutoli und Wolfardine in Triest und die daraus resultierende getrennte Anreise für erheblichen Unmut. Bei der Expedition selbst ging es dann zu wie in einem Taubenschlag, es war ein Kommen und Gehen, man arbeitete projektbezogen. Minutoli berichtete über die Vereinbarung unter den Teilnehmenden:

„Außerdem wurde im Voraus die notwendige Übereinkunft getroffen, dass wir nur so lange zusammenbleiben wollten, als die verschiedenen Interessen sich vereinigen ließen. Sobald aber der eine oder der andere Teil es für dienlich erachten würde, sich zu trennen, um eine Nebenexkursion zu unternehmen, oder an irgendeinem Punkte länger zu verweilen, so sollte es ihm gestattet sein. Die Naturforscher würden sonst dem Architekten, und dieser jenen, so wie alle vielleicht mir eine unnütze Zeit geopfert haben."

Probleme gab es aber auch an der Personalfront: Professor Liman, der eigentlich bereits in Italien zur Gruppe hätte stoßen sollen, war noch immer nicht eingetroffen. Minutoli war gezwungen, umzudisponieren und Honorarkräfte einzukaufen. Der Offizier Boldrini sollte Minutoli beim Abzeichnen und bei der Vermessung von Denkmälern unterstützen, der Italiener Gruoc war Wege- und Brückeninspektor aus dem Piemont und sollte ihm vor allem bei topographischen Arbeiten zur Hand gehen. Am 20. September stellte Minutoli Gruoc für einen Sold von 50 Talern monatlich ein.

Anfang Oktober 1820 herrschte endlich Aufbruchsstimmung: Minutoli wollte entlang der Küste Richtung Westen aufbrechen. Ziel war das 800 Kilometer entfernte Kyrene, eine antike griechische Stadt nahe des heutigen Ortes Shahat im Osten Libyens. Auf dem Rückweg plante Minutoli landeinwärts über die Oasen Audschila und Siwa direkt nach Kairo zu reisen, wo er Mitte Januar 1821 eintreffen wollte. Dort erwartete ihn die frischangetraute Gemahlin, die zwischenzeitlich beim preußischen Konsularagenten Charles Rossetti untergekommen war. So der Plan.

Die Realität sah jedoch anders aus. Nicht zuletzt wegen einer Verschwörungserzählung, die dem Herrn „General", wie Minutoli wegen seiner militärischen Vergangenheit von seinen Mitstreitern gerne genannt wurde, Knüppel zwischen die Beine warf. Die bevorstehende griechische Revolution gegen die Herrschaft der Osmanen schickte ihre Vorboten. Aus taktischen Gründen unterstützten die Großmächte zunächst die Unabhängigkeitsbestrebungen. Die „Franken", wie die Deutschen in Ägypten bezeichnet wurden, würden Eroberungs-

pläne schmieden. Der „General" wollte Häfen und Landungsplätze auskundschaften, konstatierte Minutoli:

Am 9. Oktober, die Karawane war schon seit einigen Tagen unterwegs, hatte es Professor Liman, aus Livorno kommend, dann doch noch geschafft. Er schloss sich dem Zug an, allerdings machte er einen ziemlich erschöpften Eindruck, war schwach und hatte Fieber. Die Karawane bestand jetzt aus elf Europäern, vier Dienern, 25 Beduinen und 41 Kamelen.

Am 15. Oktober befanden sie sich mitten in der libyschen Wüste. Minutoli schrieb einen ersten langen Brief an Kronprinz Friedrich Wilhelm:

Lediglich ein kurzer Lichtblick, eine Momentaufnahme, denn die Probleme mit dem Begleitpersonal rissen nicht ab:

„Das Betragen unserer Araber wurde jetzt mit jedem Tage immer unerträglicher. Der Scheik entfernte sich beständig von der Karawane und war oft tagelang abwesend. Uns aber versagten die Beduinen jeden Gehorsam und erlaubten sich allen nur möglichen Unfug. Für zeitiges Erreichen der Brunnen und gehöriges Füllen der Schläuche wurde niemals gesorgt."

Am 22. Oktober dann der Entschluss von Minutoli, wegen absichtlicher und wiederholter Verzögerungen nicht mehr Kyrene als Ziel anzustreben, sondern direkt nach Süden über die Oase Siwa nach Alexandria zurückzukehren:

„(…) sah mich in der Gewalt treuloser Menschen, mit denen es ebenso unnütz war zu streiten, als Verträge abzuschließen. Meine Frau war von mir in einem barbarischen Land unter Fremden allein zurückgelassen. Sie hatte nur ungern in meine Abreise gewilligt. In drei Monaten hatte ich versprochen, in Kairo wieder bei ihr zu sein. Jetzt hätte ich diese Zeit wenigstens verdoppeln müssen, ohne im Stande zu sein, ihr auch nur Nachricht zu geben. Pflicht und Ehre geboten mir zurückzukehren. Und es war ohne Zweifel rätlicher, dies gleich zu tun, als die etwa noch übrige Zeit an der tripolitanischen Grenze unter den peinigendsten Verhältnissen unnütz hinzubringen. Zweckmäßiger schien es mir, diese Zeit zur

Rund eine Woche zuvor hatte sich Minutoli beim Ritt seinen ohnehin lädierten linken Arm durch einen Stoß gegen den
Sattelknauf verletzt, der betroffene Bereich entzündete sich.
Minutoli stellte es den anderen Expeditionsteilnehmenden an-
heim, seinen Vorschlag anzunehmen oder weiterzumarschie-
ren. Die Gruppe teilte sich auf. Zwölf gingen mit Minutoli, 28
wollten weiter auf der ursprünglichen Route Richtung Kyrene
marschieren. Ihnen überließ Minutoli Empfehlungsschreiben,
etwa an den englischen Konsul in Bengasi, seinen Kreditbrief,
Geschenke und für ihn entbehrliche Lebensmittel.

Am 7. November erreichte die Gruppe Siwa, die west-
lichste Oasengruppe Ägyptens in der Libyschen Wüste. Das
Empfehlungsschreiben hatte Minutoli an das religiöse Oberhaupt von Siwa mit Boten vorausgesendet. Das türkische
Prunkzelt von Ali Pascha ließ er vor der Stadtmauer aufschla-
gen:

Kreditbrief

Der Begriff „Kreditbrief" ist missverständlich, denn Kredit im heutigen Sinne wurde nicht gewährt. Es handelte sich um eine Sonderform der Anweisung zur Zahlung. Vorläufer waren die Kreditbriefe des Templerordens im 12. Jahrhundert. Pilger zahlten noch vor ihrer Abreise Geld ein und erhielten dafür eine Quittung, die sie dann im Heiligen Land oder den Komtureien der Templer einlösen konnten. Minutoli führte einen solchen Kreditbrief mit sich. Er war nur mit seiner Unterschrift gültig. Es war die Anweisung an ein Kreditinstitut, dem in der Urkunde erwähnten Zahlungsempfänger eine bestimmte Geldsumme als Barauszahlung zur Verfügung zu stellen. Ausgestellt wurden die Kreditbriefe zumeist durch die Konsulate der Länder des Zahlungsempfängers. Wie wurde die Minutoli-Expedition mit Geld versorgt? Dreh- und Angelpunkt war das Königlich-Preußische Konsulat in Triest. Konsul Brandenburg gab jeweils die vom König bewilligten Tranchen frei, das Bargeld wurde dann per Schiff an das preußische Konsulat nach Alexandria geschickt, das dann wiederum das Geld, die Fonds, auszahlte oder entsprechende Kreditbriefe ausstellte.

Von dieser Szene fertigte Minutoli Skizzen an, die dann später, wieder zurückgekehrt, ein professioneller Maler als Vorlage für ein Ölgemälde verwendete. Minutoli fuhr in seiner Reisebeschreibung fort:

„Ich ersuchte sie, mir die Besichtigung aller Merkwür-
digkeiten ihres Landes zu verstatten (...) sie erklärten sich
zwar dazu bereit, äußerten aber zugleich ihre vielfachen
Bedenklichkeiten (...) Besonders schienen sie in Furcht,
dass ich zauberische Kräfte zu ihrem Verderben in meiner
Gewalt habe."

Die archäologische Ausbeute war daher recht bescheiden,
Minutoli entschloss sich deshalb, nach nur fünf Tagen die
Oase wieder zu verlassen, um nach Kairo zu gelangen. Für die
mehr als 500 Kilometer lange Strecke benötigten sie 18 Tage.
Mehrere Todesfälle überschatteten die Reise: Der in Ale-
xandria angeworbene Italiener Gruoc starb bereits nach zwei
Monaten in Kairo an einer Lungenentzündung, wie Minutoli
in seinem Reisebericht schilderte:

„Diese Erkältung hatte er sich unstreitig durch die angelegte Beduinentracht zugezogen; denn man muss im ganzen Sinne des Wortes ein solcher Nomade sein, um sich
in diesem leichten Anzuge dem Nachttau aussetzen zu
können."

Nach Expeditionsende übergab Minutoli Gruocs Eltern in
Italien ein Kästchen mit Briefen und Aufzeichnungen ihres
Sohnes. Architekt Liman erlag in Alexandria den Strapazen
der Reise, kurze Zeit später war auch Ehrenbergs Verwandter
Soellner verstorben. Ehrenberg und Hemprich, die erst nach
insgesamt sechs Jahren 1826 von ihrer ausgedehnten wissenschaftlichen Expedition zurückkehrten, resümierten:

„Ungewöhnlich häufige und schwere Krankheiten von oft
mehrere Monate langer Dauer hatten die Reisenden auch
zu erleiden, und neun derselben starben während der
Reise (...) auf der ganzen sechsjährigen Reise (...) glich
unsere Umgebung mehr einem Feldlazarett als einer Gesellschaft für wissenschaftliche Forschung.“

Am 19. Dezember 1820 brach Minutoli mit einem Segel-
schiff und 16 Matrosen Richtung Oberägypten auf. Mit auf
der Reise nach Theben war diesmal seine Frau Wolfardine.
Bereits nach kurzer Distanz der erste Höhepunkt: die alte
Hauptstadt Memphis mit der Nekropole Sakkara, die Minutoli
im März 1821 noch ein weiteres Mal besuchen sollte. Nach
weiteren rund 500 Kilometern erreichten sie Mitte Januar
1821 Theben. Auf der östlichen Nilseite erwarteten sie Luxor
und Karnak, in Theben-West das Tal der Könige. Hier
machte Minutoli eine seiner bedeutendsten Entdeckungen.

In den Biban-el-Moluk-Katakomben, die Belzoni drei Jahre
vorher geöffnet hatte, fand Minutoli: Papyrusrollen. Andere
Forscher hätten sie links liegengelassen, er nahm 55 dieser
Rollen an sich. Einheimische erzählten ihm, dass 35 Jahre zuvor viele solcher Rollen auf Befehl eines Scheichs verbrannt
worden waren. Die Minutoli-Papyri bildeten später den
Grundstock für die berühmte Papyrussammlung in Berlin.
Minutolis Vermutung, dass die mit kolorierten Zeichnungen
gestalteten Papyri Wissenschaftlern bei der Entzifferung der
Hieroglyphen behilflich sein könnten, bestätigte sich 20 Jahre
später durch die Entzifferung der Demotischen Kursivschrift
durch Heinrich Brugsch.

Im Frühjahr 1821 überschlugen sich die Ereignisse: Revolution in Griechenland, Kampf für die Unabhängigkeit vom Osmanischen Reich. Die Aufständischen wurden von Großbritannien, Frankreich und Russland unterstützt. Und auch in Ägypten und den Nachbarländern hatte der Umsturz Auswirkungen. Das stellte Minutoli spätestens fest, als er in Damiette, 200 Kilometer nördlich von Kairo, ein Schiff für die Weiterreise nach Syrien chartern wollte – für sich und seine Mannschaft und die inzwischen stark angewachsene Sammlung von Altertümern. Schiffe, die unter den Flaggen der Türkei, Griechenlands, aber auch von Österreich fuhren, kamen aus Sicherheitsgründen nicht in Frage.

Seine Pläne zum Abbruch der Expedition und zur Rückkehr nach Europa konkretisierten sich. Vizekönig Ali Paschi beorderte seine Korvette La Bella Svezia nach Abukir, weil in Alexandria die Pest ausgebrochen war. In Abukir sollten die Expeditionsteilnehmenden die Schiffe wechseln. Das passierte dann auch Ende Mai. Allerdings durften die Boote nicht Richtung Triest auslaufen. Der Kommandant von Alexandria zwang sie, umzukehren. Ein weiteres Mal strandeten sie, diesmal am Ausgangspunkt der Expedition in Alexandria. In seiner Not wendete sich Minutoli an den griechischen Antikenhändler Giovanni Anastasi, den er von seinen Antikenkäufen her kannte. Anastasi besorgte ihnen das österreichische Schiff „Cleopatra" für die Überfahrt nach Triest. Doch die Umladeprozedur der teilweise recht sperrigen Fracht nahm viel Zeit in Anspruch. Erst am 17. Juli 1821 stach die „Cleopatra" vollbeladen in See.

Die Stufenpyramide von Sakkara

Minutolis größte archäologische Pioniertat während der zehnmonatigen Expedition war die Öffnung der Stufenpyramide des Pharaos Djoser in Sakkara. Als Begräbnisstätte der alten Hauptstadt Memphis war Sakkara eine bedeutende Nekropole. Den rund 150.000 Quadratmeter großen Grabkomplex südlich von Gizeh am westlichen Ufer des Nils ließ Djoser rund 2700 v. Chr. errichten. Im Zentrum befindet sich eine Stufenpyramide aus behauenen Steinen. Sie war mit mehr als 60 Metern Höhe das größte Gebäude ihrer Zeit. Mit einer Sockelfläche von 121 x 109 Metern ist sie eine der wenigen Pyramiden mit einer nicht quadratischen Grundfläche.

Minutoli besuchte im Dezember 1820 zum ersten Mal die Region um Sakkara. Hier fand er einen durch Sand versperrten Eingang zur Pyramide. Er ahnte noch nicht, dass dieser ein neu entdeckter seitlicher Zugang ins Innere war. Da er eigentlich auf dem Weg nach Oberägypten und der Zeitplan eng gestrickt war, musste er zunächst unverrichteter Dinge erst einmal weiterreisen. Er gab jedoch die Anweisung, während seiner Abwesenheit nichts unversucht zu lassen, den Eingang freizulegen. Die Leitung übertrug Minutoli dem Übersetzer des Generalkonsuls in Kairo, dem Levantiner Msarra.

Der Landschaftsarchitekt, Schriftsteller und Weltreisende Hermann von Pückler-Muskau, der im Februar 1837 ebenfalls die Stufenpyramide von Sakkara besichtigte und von eben diesem Projektleiter begleitet wurde, notierte:

Die Nachgrabungen zogen sich hin. Allein 25 Araber waren mehr als drei Wochen damit beschäftigt, den Eingang freizuschaufeln. Im März 1821 traf Minutoli ein zweites Mal vor Ort ein. Um ins Innere der Pyramide zu gelangen, mussten sie eine 16 Meter tiefe Grube hinabsteigen. Minutoli versuchte es als Erster. Eine Seite der Grube brach ein. Minutoli konnte sich mit einem gewagten Sprung retten. Acht Tage waren nötig, um die Grube wieder begehbar zu machen. Dann konnten er und Wolfardine ins Innere der Pyramide vorstoßen.

Nach seiner Rückkehr aus Oberägypten wieder in Kairo angekommen, berichtete Minutoli am 25. März in einem weiteren Brief an den Kronprinzen detailliert über das Pyramiden-Innere, noch immer unter dem Eindruck des gerade Erlebten stehend:

man den Eingang nach einige und zwanzig Tage Arbeit richtig aufgefunden habe und dass die innere Konstruktion der Pyramide höchst merkwürdig sei (...) Seit dem habe ich die Pyramide zugänglicher machen lassen und habe sie in der Gesellschaft zweier Zeichner besucht und untersucht. Diese Untersuchung war wegen der Weitläufigkeit der Gänge, die an vielen Stellen beinahe ganz mit Bruchstücken von Alabaster, Marmor etc. angefüllt waren, und wegen dem großen Grad der Hitze sehr beschwerlich. Ich ließ meine Begleiter zurück, die drei Tage hindurch die inneren Gänge und Kammern vermassen und zeichneten, ohne jedoch ganz damit fertig werden zu können, weil die Equinoxialstürme den Zugangsbrunnen verschütteten. Ich habe nun durch eine Menge von Arbeitern dasselbe wieder aufräumen lassen und heute soll die Vermessung wieder vor sich gehen. Diese Pyramide weicht in ihrem Bau wesentlich von dem der übrigen ab, auch ist ihre Anlage verschieden, denn die von Ghize sind nach den vier Weltgegenden orientiert, während jene davon etwas abweicht. Bei diesen ist die Basis regelmäßig, bei der meinigen bildet sie ein merklich unregelmäßiges Viereck. Bei denen von Ghize liegen die Steine horizontal, hier haben sie eine bedeutende Inklination nach innen. Bei jenen muss man zu dem Eingang bedeutend in die Höhe steigen, hier tief hinunter. Bei den anderen hat man nur ein paar Gänge und Kammern entdeckt, hier mehrere und sehr weitläufige. Zwei Kammern waren mit blauem Porzellan inkrustiert, und die Zarge der einen Kammertür ist

mit zierlichen Hieroglyphen versehen. Die mittlere große Kammer ist so hoch, dass ich sie bis jetzt nicht vermessen konnte und es befinden sich mehrere Nischen darin, die bis jetzt noch nicht untersucht worden sind. In dieser großen Kammer befindet sich ein großer Würfel von Granit, den ich anfänglich für einen Sarkophagen hielt und außen…liegt, allein bei einer genauen Untersuchung ergab es sich, dass er so wie die ganze Kammer unterhalb hohl und ganz beräuchert sei. Die Ramifikation der weitläufigen Gänge scheint außerhalb des Bereichs der Pyramidenbasis zu gehen, und alles, was ich bisher sah, war im Felsenkern ausgehauen. Blieb ich noch länger in Ägypten und dürfte mir folglich einer Antwort von Seiten Eurer Königlichen Hoheit schmeicheln, so würde ich Höchstdieselben untertänigst bitten, es mir gnädigst zu verstatten, dass ich über den Eingang meiner Pyramide dero Namen als den eines Protektors alles Schönen und Merkwürdigen setzen zu dürfen. Doch erlauben Sie mir dieses auch später, so lasse ich es durch meinen hiesigen Sachwalter ausführen."

Über eine zweite Pyramide, die er noch ausgraben wollte, schrieb Minutoli:

„Bei meinen Excavationen hat man…einen Sarkophag von Granit mit Hieroglyphen versehen entdeckt, den man in diesen Tagen für mich herausschaffen wird. Auf diesem Weg und durch Privatankäufe habe ich bereits eine

herrliche Sammlung von Alterthümern zusammenge-
bracht, zu welcher ich allein 53 Papyrusrollen mit Figuren, Hieroglyphen und griechischen Text zähle."

Girolamo Segato

Der Zeichner Segato aus Florenz entwarf nicht nur detaillierte Skizzen, er war ausgebildeter Apotheker mit einem
Faible für Chemie und Anatomie und hatte weitreichende
Kenntnisse über Mumifizierungstechniken erlangt. So
entdeckte er eine besondere Art der Konservierung von
Menschen und Tieren durch Fossilisation, deren Methode
er allerdings nie preisgab: eine scheinbare Mineralisierung
oder "Versteinerung". Seine besondere Technik erlaubte
es ihm, die ursprünglichen Farben der Texturen neben ihrer Elastizität zu erhalten. Eine Brandkatastrophe in Kairo
1823 vernichtete nahezu all seine wissenschaftlichen Aufzeichnungen. Krankheitsbedingt kehrte er nach Florenz
zurück. Hier verbreitete sich die Nachricht, dass Segato
Kenntnisse über ägyptische Magie erworben hätte. Er
sollte all seine Notizen vernichten. Segato nahm das Geheimnis der von ihm entwickelten Technik mit ins Grab,
die bis heute rätselhaft bleibt. Er starb 1836 und wurde in
der Basilika Santa Croce beigesetzt. Heute befinden sich
zahlreiche von Segato „versteinerte" menschliche Überreste im Anatomie-Museum der Universität von Florenz.

Minutoli war der erste Europäer, der die Stufenpyramide von Sakkara von innen sah, nachdem bereits zuvor Grabräuber das Bauwerk auf der Suche nach Verwertbarem durchstöbert hatten. An seiner Seite befand sich, als einer von zwei Zeichnern, Girolamo Segato aus Florenz. Er skizzierte einen genauen Plan vom Innenleben der Pyramide mit allen Gängen, den unterirdischen Grabkammern, Grabbeigaben und Wanddekorationen.

Am 24. Juli 1821 an Bord der „Cleopatra" auf der Rückfahrt nach Triest verfasste Minutoli einen weiteren Brief an den Kronprinzen mit detaillierten Angaben über den Arbeitsalltag der Ausgräber und den dort herrschenden rauen Sitten:

„Ich hatte glaube ich schon früher die Ehre, Eure Königliche Hoheit zu melden, dass ich unter anderem in jener Pyramide den vergoldeten Kopf und die Fußsohlen einer Mumie fand. Höchst wahrscheinlich gehörten sie beide der königlichen hier einst beigesetzten Leiche an. Ich habe diesen Schädel meiner Antikensammlung beigestellt; allein andere herrliche Gegenstände, die man in der Pyramide gefunden haben soll, sind durch die bei der Arbeit angestellten Araber anderweitig veräußert worden. Jedoch gelang es meinen Aufsehern, bei einer anderen in der Nähe von Abousir betriebenen Excavation ihnen mir zwei bereits entwandten sehr große kanopische Vasen von Alabaster wieder abzujagen und diese, wie auch mehrere Idolen und einen großen Sarkophagen von Granit mit eingeschnittenen Figuren und Hieroglyphen sind die Früchte

von dreimonatlichen Nachgrabungen, die ich bei Sakkara, Abousir und in der Nähe von Memphis anstellen ließ. Es soll sehr viel gefunden worden sein; allein da ich bei der Arbeit nicht gegenwärtig sein konnte, so bin ich auch hier durch die schlauen Araber betrogen worden. Die Gewinnung jenes Sarkophags hat viel Mühe und Geld gekostet, da er 50 Fuß unter der Erde in einer Katakombe stand und aus dieser durch viele Verzweigungen durch 200 Araber mit Flaschenzügen gezogen werden musste. Dies ist der Grund, warum ich einen zweiten mir angehörenden ganz vorzüglich erhaltenen und sehr schön gearbeiteten Sarkophagen einem anderen Liebhaber unentgeltlich überließ."

Der Sarkophag aus rotem Rosengranit musste für Minutoli etwas Besonderes dargestellt haben, nicht nur wegen seiner Größe. Der ungewöhnliche Arbeitsaufwand deutete darauf hin, dass es sich bei dem Objekt nicht um einen normalen Steinsarg gehandelt haben konnte. Er war riesig und tonnenschwer. Minutoli fand ihn in der Ebene von Sakkara in einer der zahllosen unterirdischen Grotten, einer Katakombe. Diese ließ er öffnen. Es dauerte Wochen, um den Sarkophag ans Tageslicht zu befördern. Der Deckel fehlte. Die Mumie war sichtbar. Nicht nur außen, auch innen war er mit feinsten Reliefs und Hieroglyphen ausgestattet. Minutoli legte großen Wert darauf, diesen Sarkophag mit nach Hause zu bringen. Zu dem Zeitpunkt ahnte er noch nicht: Gerade wegen dieses Objektes würde ein Großteil der Sammlung Minutoli nie seinen Bestimmungsort Berlin erreichen.

Quarantäne in Triest

Nach 39 Tagen Überfahrt auf der „Cleopatra" erreichte die Reisegruppe am 26. August 1821 den Hafen von Triest. Genauer gesagt den Quarantänehafen gegenüber des Haupthafens. Da zu diesem Zeitpunkt die Pest in Ägypten grassierte, durften sie nicht ohne weiteres einreisen. Gerade Alexandria galt als Hochrisikogebiet. 1820 etwa starben hier bis zu 40 Menschen täglich an der Pest, viel mehr als im wesentlich größeren Kairo. Für die kommenden Monate war der Quarantänehafen ihr vorübergehendes Zuhause.

In der Quarantäne-Anstalt „Lazzaretto di Santa Teresa" bezogen die „Kontumazisten" Quartier, wie die in Quarantäne kommenden Personen genannt wurden. Für die Ladungen der Schiffe standen offene und überdachte Plätze zur Lüftung der Waren zur Verfügung. Darüber hinaus wurden die Handelsgüter je nach Beschaffenheit mit Essig bespritzt, längere Zeit der Sonne ausgesetzt oder mit Räucherwerk durchräuchert. Der Quarantänehafen war Teil des Pestkordons im habsburgisch-osmanischen Grenzraum: eine rund 1.900 Kilometer lange Militär- und Pestgrenze. Das osmanische Reich galt damals als Pest-Hochrisikogebiet. Doch auch in pestfreien Zeiten fanden Kontrollen statt: ein beispielloses Grenzregime aus Wachhütten und Quarantänestationen, den Kontumazhäusern. Nur hier war es Reisenden gestattet, die Grenze zu passieren, ansonsten galt ein strikter Schießbefehl.

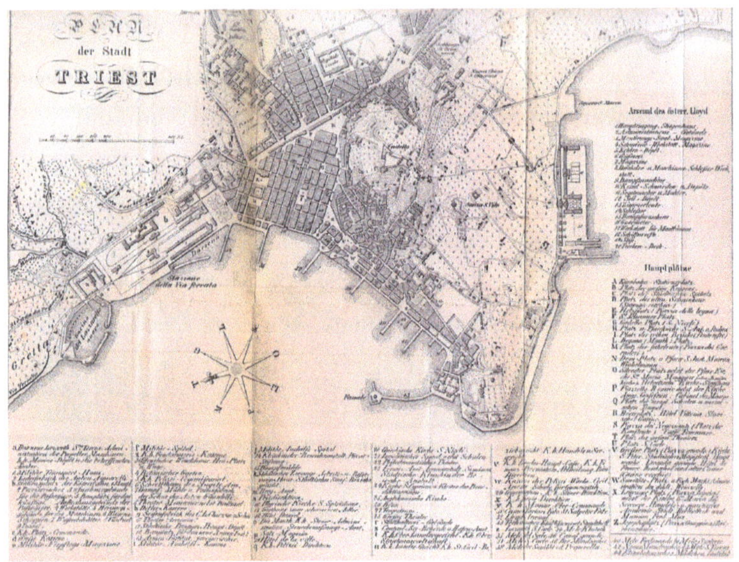

Plan der Stadt Triest, Lloyd-Reiseführer, ca. 1857

In der Triester Quarantäneanstalt war Minutoli zum Nichtstun verdammt. Er konnte nicht verhindern, dass in dieser Zeit Räuber die Ladung der „Cleopatra" auf der Suche nach etwas Wertvollem durchstöberten. Er musste feststellen: Es waren Objekte abhandengekommen. Doch das eigentlich Ärgerliche war, dass er gar nicht genau sagen konnte, um welche Objekte es sich handelte, da ihm der Überblick fehlte. Vieles, was er in den letzten Tagen vor seiner Abreise in Ägypten von Händlern zugekauft hatte, wollte er erst hier in Triest oder spätestens in Berlin sichten und begutachten.

Minutoli wollte künftig auf Nummer sicher gehen und ließ die Sammlung für den Weitertransport zu Wasser und zu Land versichern. Der Königlich-Preußische Konsul in Triest, Brandenburg, war in Versicherungsfragen versiert und

empfahl Minutoli die Gebrüder Schwartz aus Hamburg. Das bot sich an, denn der Kommerzienrat Heinrich Wilhelm von Schwartz war Generalkonsul in Hamburg und somit ein Kollege Brandenburgs. Von Schwartz übernahm dann auch gleich die Versicherung des geplanten Weitertransports der Schiffsladung von Hamburg nach Berlin. Die Versicherungssumme belief sich auf insgesamt 27.000 Mark Banco. Hinter dieser Währung verbarg sich kein geprägtes Geld, sondern Rechnungsgeld vor allem für den Hamburger Großhandel.

Woraus setzte sich die Ladung der „Cleopatra" zusammen? Da waren zum einen die Artefakte, die Minutoli selbst ausgegraben hatte: Architekturstücke, Reliefs, Schrifttafeln und Stelen, der monströse Granit-Sarkophag, die Papyri. Dann Geschenke wie das arabische Prunkzelt von Vizekönig Ali Pascha. Schließlich von anderen Ausgräbern, professionellen Händlern und Antiquitätensammlern in Alexandria, Sakkara und Luxor teilweise unbesehen und en bloc angekaufte Objekte: Mumien, Altäre, Gefäße, Götterfiguren und die Spitze einer Pyramide. So erklärt sich auch, warum Minutoli in seiner sonst so sehr detailreichen Reisebeschreibung so unpräzise blieb bezüglich der einzelnen Objekte und ihrer Provenienzen. Am Ende hatte Minutoli einige tausend Objekte zusammengetragen, alles in rund 120 Kisten verstaut, zuzüglich Sperrgut.

Aus der Quarantäne heraus bat Minutoli Friedrich Wilhelm III., seine Sammlung im Schloss Monbijou in Berlin ausstellen zu können, was der König dann auch genehmigte. Nach dem Ablauf der Kontumaz teilte Minutoli die Kisten auf: 97 plus sperrige und schwere Gegenstände luden Arbeiter auf ein anderes Schiff, das die wertvolle Fracht sicher nach Hamburg

bringen sollte. 23 Kisten mit leichten Artefakten überquerten im Oktober 1821 auf dem Landweg unbeschadet die Alpen in Richtung Berlin.

Unterdessen fuhren Minutoli und seine Frau nach Venedig weiter, wo Verwandte von Wolfardine lebten. Sie war zwischenzeitlich in Ägypten schwanger geworden und erlitt nach der strapaziösen Ägypten-Expedition in Venedig eine Fehlgeburt. Nur langsam erholte sie sich von den Anstrengungen, ganze sieben Monate blieben beide in der Lagunenstadt. Herbst 1821 und Frühjahr 1822 verbrachten sie hier. Minutoli nutzte die Zeit, um den lokalen Kunsthandel zu beobachten, aber auch für eine Reise nach Rom und für einen Kuraufenthalt im nahegelegenen Badeort Battaglia, wo er sich durch die Behandlung mit Fango Besserung für seinen stark ramponierten linken Arm versprach.

Durch die verwandtschaftlichen Verhältnisse seiner Frau hatte Minutoli Zugang zu den höheren Kreisen. Venedig hatte sich als Kunstmetropole einen Namen gemacht. Wegen seiner prachtvollen Gemäldesammlungen zog die Stadt Kunstsammler und Händler aus ganz Europa an. Das repräsentative Sammeln von Kunst hatte hier eine jahrhundertalte Tradition, so dass die Palazzi der alteingesessenen Familien mit Gemälden reich gefüllt waren. Auch die in Venedig lebenden auswärtigen Gesandten und Residenten betätigten sich als Sammler. Wie der deutschstämmige Matthias von der Schulenburg, ein Vorfahre von Wolfardine. Er sammelte zeitgenössische venezianische Malerei und gab selbst bedeutende Gemälde in Auftrag.

Matthias von der Schulenburg

Matthias von der Schulenburg stammte aus einem sächsischen Adelsgeschlecht und wehrte 1716 als Feldmarschall türkische Angriffe auf die zu Venedig gehörende Insel Korfu ab. Über ihre Rückreise von Alexandria nach Triest schrieb Wolfardine in ihren Reiseerinnerungen: „Wir fanden uns bald darauf im Angesicht von Corfu. Ich gestehe, dass es mich ganz besonders dauerte, diese Insel nicht besuchen zu können, und zwar wegen des verehrten Andenkens meines großväterlichen Oheims, der sie von der Republik Venedig erhielt, welche ihm als Erkenntlichkeit, dass er die Insel so tapfer verteidigt hatte, eine Statue auf derselben errichtete." Venedig dankte es von der Schulenburg mit der Zahlung einer lebenslangen Pension von 5.000 Dukaten. Das Geld investierte er in den Ankauf von Bildern, die er im Palazzo Loredan degli Ambasciatori aufhing. Der Mitte des 15. Jahrhunderts erbaute Palazzo gehörte Antonio Loredan, einem ehemaligen Waffengefährten von der Schulenburgs in Korfu. Dieser ließ ihn zusammen mit seinem Gefolge im Palast als Gast logieren. In den 1750er Jahren fungierte der Palazzo als Residenz der Gesandten des Heiligen Römischen Reiches, deshalb auch die Bezeichnung „degli Ambasciatori". Von der Schulenburgs Sammlung umfasste zuletzt mehr als 900 zumeist italienische Werke. Nach 1736 ließ er die Bilder nach Berlin bringen, wo er sie in der Galerie des neuerbauten Palais Schulenburg in der Wilhelmstraße 77, der späteren Alten Reichskanzlei, ausstellte. Die „unstete Galerie" von der Schulenburgs galt als eine der bedeutendsten Sammlungen eines Privatmannes in Preußen.

Die Sammlung Minutoli

In Berlin warteten Ägypten-Begeisterte ungeduldig auf das Eintreffen der vollbeladenen Minutoli-Kutschen aus Triest. Bereits im April 1821 hatte der Expeditionsleiter, noch von Ägypten aus, erste Fundstücke in die preußische Hauptstadt liefern lassen. Der Bildhauer Johann Gottfried Schadow notierte unter dem 26. April in seinen Schreibkalender: „…bei Prinz Carl von Preußen, um General Minutolis Sachen zu sehen, aber alles noch verpackt“.

Von Triest nach Berlin waren es rund 1.100 beschwerliche Kilometer. Nach einem knappen Monat, im November 1821, erreichten die Kutschen ihren Zielort, die 23 Kisten gaben ihren kostbaren Inhalt preis: Papyri, Mumien und Sarkophage aus Holz, Amulette, Skarabäen, farbige Holzstelen, Musikinstrumente sowie Fayencen.

Die Sammlung Minutoli war bestimmt für das Schloss Monbijou. Hier sollte sie vorläufig aufbewahrt und später einem interessierten Publikum präsentiert werden.

Das Schloss hatte 1703 König Friedrich I. erbauen lassen, Königin Sophie Dorothea von Hannover gab dem Gebäude den französischen Namen: „Mein Schmuckstück“. Ab 1786 war es Hauptwohnsitz der Mutter von Friedrich Wilhelm III., Königin Friederike Luise von Hessen, bis zu ihrem Tod 1805.

Degen, Dismar: Schloss Monbijou, GK I 2882 / Eigentum des Hauses Hohenzollern, SKH Georg Friedrich Prinz von Preußen, SPSG / Jörg P. Anders

Einträge „Sammlung Minutoli" in Erwerbungsbuch der Ägyptischen Abteilung der Königlichen Museen © SMB Ägyptisches Museum und Papyrussammlung

Der Archäologe und Gutachter für Sammlungen Konrad Levezow kümmerte sich um die provisorische Aufstellung der Exponate im langgestreckten Gartensaal des Schlosses. Levezow war maßgeblich an der Umgestaltung der königlichen Kunstkammer zum Königlichen Museum beteiligt. Er machte sich vor allem einen Namen durch die Zusammenstellung und Publikation von Katalogen der musealen Sammlungen. Dazu entwickelte Levezow ein mehrschichtiges Klassifizierungssystem.

Im Oktober 1822 konnte die Sammlung Minutoli endlich gezeigt werden. Hier nahm sie Schadow dann auch unverpackt in Augenschein:

„Die ersten ägyptischen Kunstwerke und Mumien, welche der General Minutoli auf seiner Reise in Ägypten gesammelt hatte, wurden im Oktober in Monbijou gezeigt. Besonders interessant schien uns ein Helm von guter getriebener Arbeit."

Bei diesem Helm handelte es sich um einen sehr gut erhaltenen römischen Paradehelm. Minutoli hatte ihn am 3. Januar 1821 in den Ruinen von Antinoupolis im Tausch gegen andere Antiken erworben.

Der Ankauf der Sammlung durch den König war Formsache. Dennoch sollte sie zuvor begutachtet werden. Das geschah im April 1823 durch Levezow und Hirt. Der Expertise fügte Levezow einen handschriftlichen Katalog mit der Auflistung aller Stücke bei. Mithilfe dieser Aufzeichnung und den historischen Erwerbungsbüchern, die, im Idealfall, alle

Neuzugänge erfassten, ergibt sich eine Sammlungsstärke von mehr als 2.100 Objekten für die Sammlung Minutoli.

Bereits im Oktober 1822 hatte Minutoli dem König die Sammlung für 22.000 Taler in Gold angeboten. Jetzt lagen die Gutachten vor. Am 22. Mai 1823 erhielt Minutoli für die begehrten Papyri 12.000 Taler und für alle übrigen ägyptischen Altertümer 10.000 Taler in Gold. Der König plante, die Sammlung der kunstinteressierten Öffentlichkeit im neugeplanten Königlichen Museum zugänglich zu machen. Er ließ die Sammlung der Kunstkammer des Berliner Schlosses angliedern, aus Platzgründen verblieb sie jedoch vorerst im Schloss Monbijou, wo sie die Mitglieder des Königshauses, ihre Gäste, Wissenschaftler und zahlungskräftiges Klientel bewundern konnten.

Von besonderem Interesse waren die 55 Papyrusrollen. Sie fanden zunächst Aufnahme in der Königlichen Bibliothek, wanderten dann zurück ins Schloss Monbijou, wo 1835 der Papyrussaal seine Tore öffnete. Minutolis Rollen bildeten den Grundstock für die heute mehr als 40.000 Papyri und Papyrusfragmente umfassende Sammlung im Neuen Museum.

Nicht alles, was Minutoli aus Ägypten mitbrachte, verkaufte er. Die persönlichen Geschenke etwa behielt er ein. So zum Beispiel den goldenen Siegelring eines Pharaos mit einem Krokodil-Amulett aus Magnet-Eisenstein in der Ringplatte, ein Geschenk von Ali Pascha an Wolfardine 1820.

Zum Zeitpunkt des Ankaufs der Sammlung Minutoli im Frühjahr 1823 bestand die Ägyptische Sammlung in Berlin aus etwas mehr als 80 Artefakten. Das waren Teile aus Kuriositätenkabinetten, zumeist Figuren, Amulette und Uschebtis. Die erste Berliner Sammlung entstand unter Kurfürst Friedrich

III. von Brandenburg. Er machte den Archäologen und Bibliothekar Lorenz Beger zum Oberaufseher aller kurfürstlichen Sammlungen wie Kunst- und Raritätenkammer, Rüstkammer, Wunderkammer, Antikenkabinett und Münzkabinett. Beger legte ein Verzeichnis der Antiquitaeten-Cammer an. Sein größter Coup: der Erwerb der Sammlung des Archäologen Giovanni Bellori für die Kurfürstlich-Brandenburgische Kunstkammer am 4. Mai 1698. Damit kamen die ersten zwölf Aegyptiaca nach Berlin. Neun davon publizierte Beger im „Thesaurus Brandenburgicus selectus". Vier Objekte lassen sich noch heute in der aktuellen Sammlung nachweisen.

Anfang des 19. Jahrhunderts verschleppten Truppen Napoleons einen Großteil der Berliner Antikensammlung nach Paris. Darunter auch die erste ägyptische Mumie, die sich seit 1802 an der Spree befand. Der königlich-preußische Gesandte in Konstantinopel, Wilhelm von Knobelsdorff, hatte die Mumie samt Sargkasten Friedrich Wilhelm III. zum Geschenk gemacht. Erst 13 Jahre später kehrte sie nach Berlin zurück.

Rückzugsort Schweiz

Als Minutoli am 12. Mai 1822 seinen 50. Geburtstag feierte, hielt er sich noch immer in Venedig auf. Erst Ende August kehrte er nach Berlin zurück. Allerdings mit gemischten Gefühlen. Sein zweijähriger Sonderurlaub war bereits am 7. April abgelaufen, weshalb er sich einen Nachschlag hatte geben lassen. Ein Jahr später, am 4. April 1823, wurde er mit einer Jahrespension von 1.500 Talern im Rang eines Generalleutnants aus der Armee entlassen.

Noch während der Expedition hatte Minutoli Berichte an die großen Zeitungen geschickt, die diese dann, teilweise in Fortsetzungen, abdruckten. Der Arzt, Botaniker und Zoologe Hinrich Lichtenstein, später erster Direktor des Berliner Zoologischen Gartens, berichtete in den „Berlinischen Nachrichten von Staats- und gelehrten Sachen" vom 1. Mai 1821 ausführlich über Minutolis Unternehmung. Auch in Wissenschaftskreisen war die Expedition beliebtes Gesprächsthema. Die Ausstellung der Aegyptiaca im Schloss Monbijou schlug hohe Wellen. Fragen nach der Provenienz der Artefakte wurden immer häufiger gestellt. Der Druck auf Minutoli wuchs, seine persönlichen Tagebuchaufzeichnungen als Grundlage für einen Reisebericht zu verwenden, um ihn dann in Buchform zu veröffentlichen. Minutoli nahm das Projekt in Angriff. Er konnte auf antike Literatur über Ägypten sowie auf die neuesten Fachbücher zurückgreifen. Er erkannte jedoch schnell, dass ein konzentriertes Arbeiten in Berlin unmöglich war, weil ihn ständig Anfragen interessierter Zeitgenossen in seinem Schreibfluss unterbrachen.

Er bat daher Friedrich Wilhelm III., seine Pension für ein Jahr in der Schweiz beziehen zu dürfen. Dort hatte er gerade das weitläufige Landgut Bois de Vaud nahe Lausanne gekauft, eine Immobilie genau nach seinem Geschmack, denn das 1770 errichtete Landhaus stand auf den Ruinen einer ehemaligen römischen Villa. Die Erlaubnis für den Ortswechsel erreichte ihn am 7. Juli 1823, woraufhin er zügig seine Koffer packte und in die Schweiz abreiste. Hier, nicht weit entfernt von seiner ehemaligen Heimat, verarbeitete er in den Folgemonaten das Erlebte.

Hier entstand auch das Ölgemälde „General-Lieutenant von Minutoli in der Oase Siwah". 1823 lud Minutoli den französischen Lithographen Louis Faure auf sein Landgut ein. Auf der Grundlage von Zeichnungen Minutolis fertigte dieser ein 100 x 128 cm großes Bild an, das Minutoli und Gruoc am 7. November 1820 in der Oase Siwa im türkischen Prunkzelt zeigte, dem Geschenk von Vizekönig Ali Pascha. Sie hatten das Zelt vor den Stadtmauern von Siwa aufgeschlagen, sich in türkischen Gewändern auf Sitzkissen niedergelassen und die lokalen Stammesführer empfangen. Minutoli, im türkischen Gewand mit rotem Turban auf blauem Sitzpolster, übergab das Empfehlungsschreiben. Zum Zeitpunkt der Erteilung des Mal-Auftrags an Faure war das Zelt schon nicht mehr im Besitz von Minutoli.

Faure, Louis: General-Lieutenant von Minutoli in der Oase Siwah, 1823 © SMB Ägyptisches Museum und Papyrussammlung

Ölgemälde „General-Lieutenant von Minutoli in der Oase Siwah"

Das Ölgemälde gehörte bis 1945 durch die Heirat einer Enkelin von Minutoli mit einem der Grafen von Pfeil und Klein-Ellguth zur Kunstsammlung von Schloss Friedersdorf am Queis, dem heutigen Biesdrowice in Polen. 1945 wurde es nach Osten verschleppt. 1987 tauchte es auf dem Münchner Kunstmarkt auf, der Verein zur Förderung des Ägyptischen Museums Berlin erwarb das Bild. Das Ölgemälde befindet sich heute im Raum 111 des Neuen Museums in Berlin, dem Mythologischen Saal.

1824 veröffentlichte Minutoli seinen Bericht „Reise zum Tempel des Jupiter Ammon in der Libyschen Wüste und nach Oberägypten in den Jahren 1820 und 1821". Drei Jahre später folgte ein Nachtrag mit den Aufzeichnungen des während der Expedition verstorbenen Gruoc. In seinem Buch berichtete Minutoli wissenschaftlich exakt über archäologische Grabungen und Werkverfahren altägyptischer Bildhauer und beschäftigte sich intensiv mit Materialien und Rohstoffen. Der Kunsthistoriker und Archäologe Ernst Heinrich Toelken betreute redaktionell Minutolis Reisebericht und gab ihn auch heraus, er selbst bezeichnete ihn als „ein wohlgerathenes Prachtwerk". Toelken wurde 1836 als Direktor des Antiquariums Nachfolger von Konrad Levezow. Er konnte später auf eine von keinem Leiter der Berliner Antikensammlungen erreichte Amtszeit von 28 Jahren zurückblicken.

Auch Minutolis Ehefrau Wolfardine brachte ihre Reiseerinnerungen zu Papier und veröffentlichte 1826, zunächst auf Französisch, „Mes Souvenirs d' Égypte", herausgegeben von Désiré Raoul-Rochette in Paris, einem der bedeutendsten französischen Archäologen und befreundet mit den beiden Minutolis. 1827 übersetzte Susette Harriett Lloyd, eine Cousine von Henry Salt, Wolfardines Buch ins Englische mit dem Titel „Recollections of Egypt 1820-21". Erst 1829 folgte die deutsche Fassung von Wilhelmine von Gersdorf „Reise der Frau Generalin von Minutoli nach Egypten".

Die Monate auf ihrem Schweizer Landgut vergingen schnell. Minutoli trug sich mit dem Gedanken, ganz in die Schweiz zu ziehen. Umständlich nur, dass er seine Pension nicht in Lausanne beziehen konnte, sondern dafür stets ins 75

Kilometer entfernte Neuenburg pendeln musste, das seit 1707 preußisches Fürstentum war. Der König machte Minutolis Gedankenspiele zunichte:

Am 11. Juli 1825 hatte Friedrich Wilhelm III. entschieden, dass Minutoli ein weiteres Jahr in der Schweiz bleiben durfte. Am 1. Juni 1826 schrieb Minutoli in Bois de Vaud noch am Vorwort des Nachtragsbands, Ende des Jahres kehrte er dann mit Wolfardine nach Berlin zurück.

Das Ägyptische Museum in Berlin

Die 1820er Jahre stellten für die Anfänge der Ägypten-Forschung in Preußen die entscheidenden Weichen. Nach der Sammlung Minutoli erwarb König Friedrich Wilhelm III. 1827 mit der Sammlung Passalacqua und ihren rund 1.600 Objekten eine weitere hochkarätige Kollektion.

Giuseppe „Joseph" Passalacqua war der Sohn einer Triester Kaufmannsfamilie und hatte sich, nachdem er in Ägypten als Pferdehändler erfolglos blieb, der Ausgrabung und dem Sammeln von Antiquitäten verschrieben. Der französische Generalkonsul Drovetti verschaffte ihm eine Grabungslizenz. Am 4. Dezember 1823 entdeckte Passalacqua in Theben-West das vollständige Felsenschachtgrab eines Hausverwalters.

Passalacqua brachte die Fundstücke nach Europa. Im September 1826 stellte er seine Sammlung zu Verkaufszwecken in Paris aus, darunter wertvolle Grabausstattungen, Stelen und Schmuck. Der geschäftstüchtige Passalacqua mietete das Amphitheater der Sorbonne. Ärzte durften einige seiner Mumien in öffentlichen Séancen auswickeln und untersuchen. Unter den Binden einer Mumie kam ein Totenbuch zum Vorschein. Der „zufällig" unter den Besuchern anwesende Hieroglyphen-Experte Champollion las dann laut und deutlich den Namen des Verstorbenen vor.

Alexander von Humboldt, der zu dieser Zeit in Paris lebte, riet dem preußischen König, die Sammlung zu erwerben. Doch 400.000 Franc waren ein stolzer Preis. Der auf den 23. April 1827 terminierte öffentliche Versteigerungstermin setzte Passalacqua unter Druck. Zumal zeitgleich in der

französischen Hauptstadt drei weitere Sammlungen, die von Drovetti, Salt und Anastasi, zum Verkauf standen. So einigten sich Passalacqua und von Humboldt, der inzwischen vom König eine Verhandlungsvollmacht erhalten hatte, bereits im Vorfeld am 14. April auf einen reduzierten Kaufpreis von 100.000 Francs. Zum einvernehmlichen Abschluss trug wohl bei, dass Humboldt Passalacqua die Direktorenstelle am neuen Ägyptischen Museum in Berlin in Aussicht gestellt hatte.

Für Passalacqua war es dennoch ein gutes Geschäft. Zusammen mit seiner Sammlung verließ er Paris in Richtung Berlin, wo die Objekte als Galerie Passalacqua den Gartensaal von Schloss Monbijou weiter anfüllten. Denn hier befand sich bereits die Sammlung Minutoli. Das führte dann auch später zu Zuordnungsproblemen bei der Inventarisierung der Objekte, da Passalacqua nicht chronologisch vorgegangen war.

1828 war das Gründungsjahr der Ägyptischen Abteilung der Königlichen Kunstsammlungen. Mit der neuerworbenen Sammlung Passalacqua hatte sie eine bedeutende Erweiterung erfahren und war unter die großen europäischen Sammlungen aufgerückt. Die Sammlung Minutoli war zu dem Zeitpunkt schon nicht mehr als eigenständige Kollektion erkennbar. Passalacqua hatte die Objekte in den Gesamtbestand der Ägyptischen Abteilung mit rund 3.700 Objekten eingegliedert.

Der Wissenschaftler Dr. Jan Moje vom Ägyptischen Museum in Berlin forscht über die Frühgeschichte des Museums: „Seit der Aufstellung der ägyptischen Objekte im Schloss Monbijou ab 1828 stand zwar auf dem Label für jedes Objekt, wer der Vorbesitzer war (…) aber eine gesonderte Berück-

sichtigung der Minutoli-Sammlung gab es nun nicht mehr. Für den Museumsdirektor Passalacqua war das Museum ein Gesamtbestand, in dem nur seine eigene Sammlung separat aufgestellt war, alles andere wurde nach inhaltlichen Kriterien sortiert – eine Sortierung nach Vorbesitzern gab es hingegen nie mehr."

Am 1. Juli 1828 trat Passalacqua, wie in Paris verabredet, den Direktorenposten im Ägyptischen Museum an. Er war mit einem Jahresgehalt von 1.000 Talern zuzüglich einer persönlichen Zulage von 600 Talern dotiert.

Für Passalacqua sollten die nachfolgenden Jahre geprägt sein von inhaltlichen Auseinandersetzungen und persönlichen Enttäuschungen. Zum einen musste er einer damals vorherrschenden Diskriminierung der ägyptischen Kunst entgegenwirken. Das zeigte die Diskussion um das neue Königliche Museum, das Friedrich Wilhelm III. 1830 eröffnete. Die Unterbringung der ägyptischen Sammlung im Schloss Monbijou war anfangs lediglich als Übergangslösung gedacht, bevor sie im Königlichen Museum endgültig aufgestellt werden sollte. Doch Experten wiesen auf die Unvergleichbarkeit der ägyptischen mit der klassischen Antike hin, ägyptische Kultur galt als "prähistorisch", ägyptische Kunst als „primitives Handwerk". Dazu trug nicht zuletzt die „Geschichte der Kunst des Alterthums" des Archäologen und Antiquars Johann Joachim Winckelmann von 1764 bei, einem Mitbegründer der Kunstgeschichte. Die Ägypter seien mitnichten die Lehrmeister der Griechen gewesen. Anders als die griechische sei die ägyptische Kunst nie über einen „altertümlich steifen Frühstil" hinausgelangt, so Winckelmann.

Wilhelm von Humboldt, Vorsitzender der Einrichtungskommission für das neue Museum, befand dann auch, dass die ägyptische Kunst im Sammlungskonzept des Königlichen Museums keinen Platz habe, da sie keinen Kunstwert besitze und so keine „geschmacksfördernde und genussspendende Wirkung entfalten" könne. Nur „hohe Kunst" solle im königlichen Museum Aufnahme finden, so Humboldt weiter. Also verblieben die altägyptischen Artefakte im Schloss Monbijou.

1837 erwarb Berlin die Sammlung Drovetti. Sieben Jahre hatten sich die Ankaufsverhandlungen hingezogen. Es war die kleinste von insgesamt drei Drovettischen Sammlungen. Die erste bildete 1821 den Grundstock für die Universitätssammlung in Turin, die zweite wurde 1827 an das Louvre-Museum in Paris verkauft. Mit dem Erwerb dieser Sammlung Drovetti stieß die Ägyptische Abteilung im Schloss Monbijou endgültig an ihre räumlichen Grenzen. Und auch andere Sammlungen im Königlichen Museum platzten aus allen Nähten.

1841 verkündete König Friedrich Wilhelm IV., seit einem Jahr auf dem Thron, einen innovativen Plan: Die gesamte Nordspitze der Spreeinsel sollte „hinter dem Museum zu einer Freistatt für Kunst und Wissenschaft" umgestaltet werden. Die Idee der Museumsinsel war geboren. Der König erteilte den Auftrag zum Bau eines neuen Museums. August Stüler sollte nicht nur das Neue Museum entwerfen, sondern auch einen Plan für die gesamte Bebauung der Museumsinsel aufstellen. Am 6. April 1843 erfolgte die Grundsteinlegung, 1850 die Eröffnung der Ägyptischen Abteilung im Neuen Museum. Die komplette Fertigstellung des Gebäudes zog sich auf Grund von Haushaltsdefiziten, technischen Problemen, aber auch von politischen Unruhen bis 1866 hin.

Die ehrgeizigen Planungen gingen einher mit Personalquerelen zwischen Direktor Passalacqua und Richard Lepsius, dem Mitte der 1830er Jahre genau der Posten in Aussicht gestellt wurde, den Passalacqua innehatte. Die diplomatische Lösung: Lepsius fungierte ab 1855 offiziell als Mit-Direktor. Damit war jedoch der Konkurrenzkampf keineswegs beendet. Beide Direktoren erhielten den Auftrag, ein Ausstellungskonzept für das Museum zu entwickeln. Passalacqua plädierte dafür, die Objekte nach Themenbereichen mit weiterführenden Informationen didaktisch sinnvoll anzuordnen, so dass auch Besucher ohne spezielle Vorkenntnisse einen Zugang zu den Exponaten erhalten konnten. Damit wollte er eine breite Öffentlichkeit ansprechen. Sein Ziel war es, „die vielartigen aegyptischen Alterthümer nach einer wohlerwogenen wissenschaftlichen Klassification in symmetrischer Ordnung so vorteilhaft als möglich zu gruppieren." Weitere Neuerungen sollten die ausführliche Beschriftung der Objekte, die teilweise die Hieroglyphen mit Übersetzung beinhalteten, und ein Ausstellungskatalog mit weiteren Erläuterungen sein. Eine ernsthafte Prüfung des Entwurfs von Passalacqua fand jedoch nicht statt, er selbst wurde als Spezialist für Ägyptologie immer seltener konsultiert, die Informationsstränge wurden gekappt.

Der neue Mann in der königlichen Gunst hieß eindeutig – Richard Lepsius. 1843 berichtete Alexander von Humboldt: „Der König schwärmt für Lepsius." Lepsius nutzte seinen direkten Draht zum Monarchen, der ihm seine zumeist sehr detaillierten Wünsche ohne Umwege mitteilen konnte. Lepsius´ auf die Interessen des Königspaares abgestimmtes Konzept wurde dann auch realisiert. Mit königlichem Segen hatte

Lepsius spektakuläre raumfüllende Inszenierungen für die neuen Exponate entworfen, mit Wand- und Deckenmalereien nach ägyptischen Vorbildern. Einige Themenräume waren originalgetreu ägyptischen Bauwerken nachempfunden: die kannelierten Säulen im Historischen Saal, der Gräbersaal im Nordflügel und der Ägyptische Hof.

Die Schiffskatastrophe

Nach der mehrmonatigen Quarantäne im Hafen von Triest hatte Minutoli im Herbst 1821 die aus Ägypten mitgebrachten Objekte aufgeteilt. 97 schwere Kisten plus Sperrgut ließ er auf ein anderes Schiff umladen, das die wertvolle Fracht sicher nach Hamburg bringen sollte. Es war die Huker-Galeasse „Gottfried" von Kapitän Heinrich Jacob Riesbeck. Huker-Galeassen waren seit Mitte des 18. Jahrhunderts an der deutschen Ostseeküste gebräuchliche Fracht- und Handelsschiffe. Trotz ihrer geringen Abmessungen verfügten sie über eine große Ladefähigkeit. Der Schiffszimmermeister Joachim Geldschläger baute das Schiff im vorpommerschen Greifswald als kleinen Frachtensegler aus Eichenholz. Werften existierten damals noch nicht, die Schiffbauplätze befanden sich auf den städtischen Kielplätzen. Der Wieker Hafenmeister Heinrich Vierow vermass die Gottfried nach Fertigstellung am 15. August 1816. Laut Messbrief war sie 67 schwedische Fuß lang, 22,8 Fuß breit und hatte eine Tragfähigkeit von 64 schweren Lasten. Umgerechnet waren das rund 20 Meter Länge und knapp sieben Meter Breite bei einer Tragfähigkeit von 157 Tonnen. Bei voller Ladung betrug der Tiefgang nicht einmal drei Meter. Auftraggeber war Johann Schmidt gewesen. Übernehmen sollte das Schiff Schmidts Sohn Johann Martin. Anfang 1816 heiratete der eine Schwester Riesbecks. Doch Schmidt starb unerwartet zwei Jahre später, sein Schwager übernahm daraufhin die Gottfried. Der Name des Schiffes ging wahrscheinlich auf den Korrespondenzreeder Gottfried von Vahl zurück.

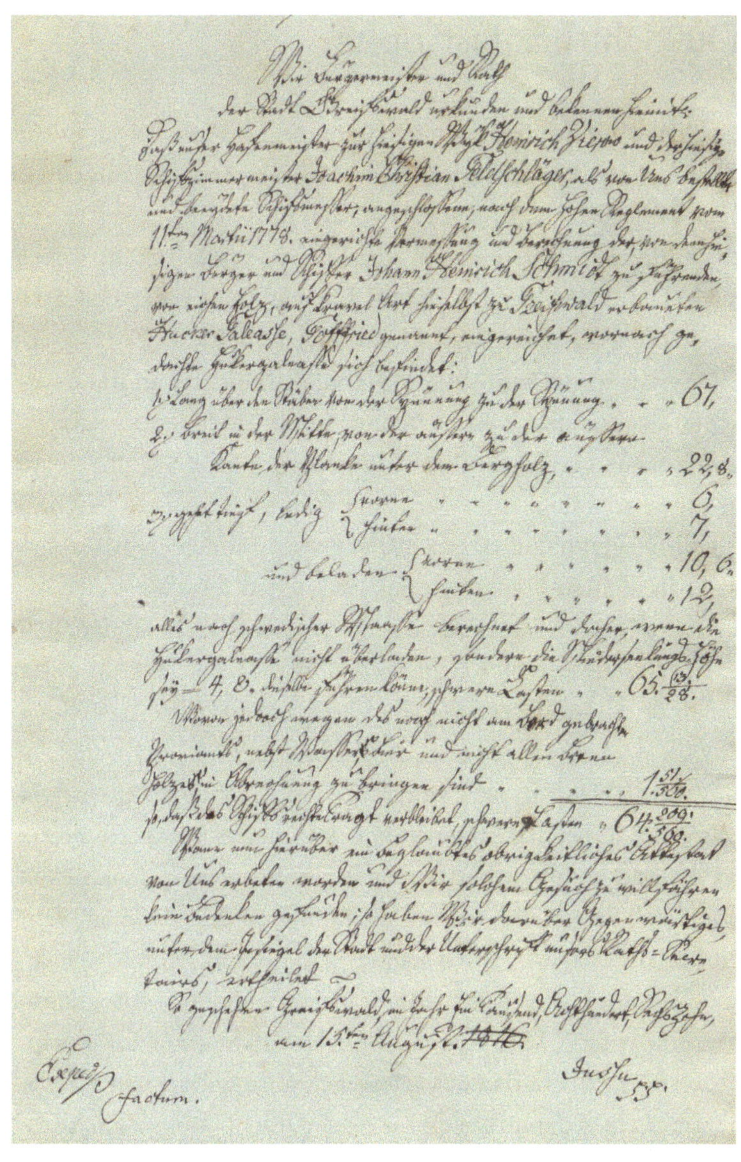

Messbrief der „Gottfried" vom 15. August 1816 © Stadtarchiv Greifswald StAG, Rep. 5, Nr. 1778

Heinrich Jacob Riesbeck wurde am 1. April 1794 geboren. 1822 war er mit 27 Jahren noch ein recht junger Kapitän. Er entstammte einer alteingesessenen Schifferfamilie aus Wiek bei Greifswald. Vater und Onkel zogen in die nahegelegene Stadt, ließen sich in der Brüggstraße nieder und gehörten bald zur Greifswalder Schiffergesellschaft. Von 1814 bis 1816 befuhr Riesbeck als Steuermann auf einer Greifswalder Huker-Galeasse vor allem Ost- und Nordsee, zuweilen auch den Atlantik. Nach dem Tod seines Schwagers übernahm er Anfang 1818 die Gottfried und siedelte zügig nach Kopenhagen über. Am 14. März 1818 erhielt er den Bürgerbrief der Stadt und konnte sich nun als Eigner der Gottfried eintragen lassen. Die Ausstellung seines Kapitänspatents verzögerte sich allerdings bis November 1818. Da lag seine erste größere Reise unter dänischer Flagge bereits einige Monate hinter ihm, als er Ende Mai, noch als Steuermann unter dem Kommando des Setzschiffers Broder Petersen, nach Porto segelte. Als Reeder für diese Fahrt war Svend Lundvall aus Helsingör eingetragen.

Dann, am 12. Februar 1819, der große Moment: Erstmals unter seinem Kommando brach die Gottfried wieder nach Porto und weiter nach Neapel auf. Am 31. Oktober 1819 heiratete Riesbeck Catherine Marie Lundvall, die Tochter seines Reeders. Bereits eine Woche später war der Kauffahrteikapitän schon wieder auf großer Fahrt, diesmal Richtung Lissabon und Triest. Die nachfolgenden Monate war er nur selten in seinem Heimathafen Kopenhagen anzutreffen. Im Januar 1820 Lissabon, im Juni Venedig, im September erneut Lissabon, im November wieder Venedig, im Dezember Triest, im März 1821 Korfu und Triest. Hier ereignete sich ein Unglück. Der Matrose Christopher Andersen fiel von Bord und

ertrank. Am 9. März fand unter Anteilnahme der Kapitäne aus skandinavischen Ländern die Beerdigung statt. Andersens Platz nahm der Matrose Johannes Skutte aus Schweden ein, der einzige Überlebende eines weiteren Unglücks fast genau ein Jahr später. Am 6. Mai 1821 machte das Schiff, aus Brindisi kommend, wieder einmal im Hafen von Triest fest.

Wie Minutoli und Riesbeck zusammenkamen, ist unklar. Wahrscheinlich hatte Konsul Brandenburg vom Königlich-Preußischen Generalkonsulat in Triest seine Finger im Spiel. Brandenburg war stets bestens informiert über Angebot und Nachfrage im quirligen Geschäft des prosperierenden Freihafens. Minutoli rannte die Zeit davon, Monate hatte er in Quarantäne verbracht, er durfte jetzt keine weiteren kostbaren Tage vergeuden und auf ein anderes Schiff warten. Natürlich war er sich des Risikos bewusst: Die Gottfried war ein relativ kleiner Frachter, und zu dieser Jahreszeit drohten Stürme auf dem offenen Meer.

Erst am 10. Dezember 1821 verließ die Gottfried den Hafen von Triest. Warum so spät? Hatte die Beladung mit den annähernd einhundert Kisten so lange gedauert? Die Fragen sind bislang unbeantwortet. Aus welchem Grund benötigte das Schiff ganze drei Monate für die winterliche Seereise bis zur Elbmündung? Die übliche Reisezeit betrug normalerweise lediglich rund 45 Tage. Es gibt Vermutungen, die nahelegen, dass Riesbeck in Livorno einen Zwischenstopp einlegte, um weitere Geschäfte zu tätigen. Ob er hier zusätzliche Lasten oder auch den einzigen Passagier an Bord aufnahm, ist unklar. Auf ihrem weiteren Weg westlich durch die Straße von Gibraltar, entlang der Iberischen Halbinsel dann Richtung Norden und durch die Biskaya war die Gottfried mehreren

schweren Stürmen ausgesetzt. Über den Ärmelkanal erreichte Riesbeck schließlich die Nordsee und steuerte das Schiff in Richtung Elbmündung.

Was in der Nacht vom 11. auf den 12. März 1822 losbrach, ging in die Geschichte als ein Jahrhundertsturm ein, einer der schwersten Orkane an der Nordsee. Hunderte Schiffe kenterten, rund 1.500 Menschen zu Wasser und zu Land kamen ums Leben. Es herrschten Windgeschwindigkeiten von bis zu 180 Stundenkilometern.

In London lief die Themse leer, der Wind hatte das Wasser herausgedrückt. Auf der anderen Seite pressten große Wassermassen in die Deutsche Bucht und weiter in die Elbe hinein. Die Küstenlinie war nicht mehr erkennbar, die Elbmündung nicht zu identifizieren. Alles nur eine riesige aufgewühlte Wasserfläche. Der einzige halbwegs sichere Ort war das offene Meer, weit weg von Klippen und Untiefen.

Dorthin versuchte Riesbeck sein Schiff zu steuern. Vergeblich, bei Windstärke 12. Der Sturm trieb die Huker-Galeasse unaufhaltsam auf die Elbmündung zu. Auch das Feuerschiff „Seestern" war betroffen. Es riss sich von seinen Ankern los, das Leuchtfeuer musste gelöscht werden.

Ob die erschöpfte und mit aller Kraft gegen den Sturm ankämpfende Besatzung des Frachtenseglers Gottfried die Kugelbake zur Kenntnis nahm? Der mächtige, weithin sichtbare Leuchtturm aus Holz markierte schon damals den Mündungsbereich der Elbe in die Nordsee bei Cuxhaven.

Kugelbake

Nach einem heftigen Sturm im Dezember 1703 beschloss der Hamburger Rat, für sein Ländchen an der Elbmündung eine 85 Fuß hohe Bake zu errichten. Nach den starken Winterstürmen 1743/44 war die Kugelbake fast vier Jahrzehnte vom Land abgeschnitten, 1782 wurde erstmals ein Damm als Zugang aufgeschüttet. Doch nicht nur Naturgewalten, auch strategische Überlegungen setzten der Kugelbake zu. Zu Beginn des Deutsch-Französischen Krieges 1870/71 wurde sie abgerissen, um feindlichen Schiffen den Zugang zur Elbmündung zu erschweren. Die heutige Konstruktion stammt von 1924. Das knapp 29 Meter hohe Seezeichen an einem der am meisten befahrenen Schifffahrtswege der Welt ist nicht nur der nördlichste Punkt Niedersachsens, sondern für Cuxhaven so wichtig, dass die Stadt die Kugelbake sogar im Wappen trägt.

Riesbeck verpasste die Einfahrt in die Süderelbe, geriet mit der Gottfried in die Untiefen der Norderbänke. Der überdimensionale Sarkophag und die Pyramidenspitze waren im Frachtraum mit Tauen festgemacht. Fest verzurrt stabilisierten sie das Schiff – bei normalen Wetterverhältnissen. Doch durch das anhaltende Schlingern der Gottfried gerieten die steinernen Schwerlasten sehr wahrscheinlich ins Rutschen, die Taue lösten sich, und die beiden Objekte durchschlugen die hölzerne Bordwand wie Projektile. Ein riesiges Leck war die Folge. Das Schiff strandete schließlich auf einer Sandbank, zerbrach, und der Großteil des Frachters versank. Nur die leichten Holzsärge mit den darin befindlichen Mumien

wurden an die Wasseroberfläche gespült und trieben in den nachfolgenden Stunden in südöstliche Richtung. Am nächsten Morgen war nur noch das Heck der Gottfried zu sehen, von der Ladung keine Spur, und auch die Schiffsreste versanken bald. Acht Tote hatte der Untergang des Schiffes gefordert: Kapitän Riesbeck, sechs Besatzungsmitglieder und der unbekannte Passagier. Lediglich der schwedische Matrose Johannes Skutte aus Falkenberg überlebte.

Am 2. April 1822 berichtete die Königlich Privilegierte Berlinische Zeitung über das Schiffsunglück:

„Die kostbaren ägyptischen Althertümer, welche der Königlich Preußische General, Menu von Minutoli, auf seiner wissenschaftlichen Reise in Ägypten und Syrien gesammelt hatte, und welche von Alexandria glücklich in Triest angekommen, und von dort hieher gesandt werden sollten, sind ein Raub der Wellen geworden, das Schiff, das sie an Bord hatte, ging zwischen Helgoland und Cuxhafen bei einem heftigen Sturme zu Grunde.“

Minutoli selbst hielt sich zu dem Zeitpunkt noch immer in Venedig auf und wartete auf die Nachricht, dass die Ladung sicher in Hamburg angekommen war. Doch stattdessen erhielt er die Hiobsbotschaft von dem Schiffsuntergang. Er war erschüttert: Acht Menschenleben waren zu beklagen, die Ladung ein Raub der Wellen. Dass die Fracht gut versichert war: nur ein schwacher Trost für Minutoli.

Versteigerung in Hamburg

„Der Herr segne unseren Strand!" So beendeten Pastoren nicht selten ihre Gottesdienste in den Kirchengemeinden an Nordsee und Elbe in den damaligen Zeiten. Die Gläubigen wussten genau, was es mit diesem Schlusssegen auf sich hatte: die unverhohlene Bitte um Strandgut. Für die Küstenbewohner an der unteren Elbmündung, also jenem Abschnitt am linken Elbufer, der sich von Cuxhaven, damals zu Hamburg gehörig, über das Land Hadeln, die Oste-Mündung bis Freiburg im Hannoverschen erstreckte, war das aus den Wracks verunglückter Schiffe angetriebene Strandgut, eigentlich „Strandungsgut", eine zusätzliche Einnahme- und Versorgungsquelle. Die meist armen Fischer und Kleinbauern waren für jedes Zubrot dankbar. Rechtliche Grundlage bildete das Strandrecht. Zum Strandgut zählten sowohl an den Strand getriebene Güter, als auch gestrandete Schiffe oder deren Überreste und das persönliche Eigentum der Besatzung. Früher war es den Küstenbewohnern erlaubt, den Strand in jedweder Hinsicht zu nutzen. Das schloss die Aneignung von herrenlosem Strandgut mit ein. Allerdings nur dann, wenn es keine Überlebenden gab, wofür die Finder dann mitunter selbst sorgten.

Im Mittelalter drohte die Kirche mit Exkommunikation, das Heilige Römische Reich Deutscher Nation erließ Gesetze, nach denen die Aneignung von Strandgut eine räuberische Tat darstellte.

Die „Peinliche Gerichtsordnung" von Kaiser Karl V. von 1532 hob strandräuberisches Lokalrecht auf:

Um diese Nebenerwerbsquelle weiter sprudeln zu lassen, wurden zuweilen Schiffe absichtlich fehlgeleitet: durch das Verdecken oder Versetzen von Leuchtfeuern. So sträubten sich etwa die Helgoländer im 17. Jahrhundert lange gegen den ersten Leuchtturm auf der Insel. 1705 sah sich der dänische König genötigt, die Todesstrafe auf falsche Feuerzeichen einzuführen. Die Anrainer empfanden es lange als legitim, sich Strandgut anzueignen. Sie sahen Seenot als Schicksal an, für sie war Schiffbruch Berufsrisiko, ein Fingerzeig Gottes, ja ein Geschenk Gottes. Die Begriffe Strandraub und Plünderung gehörten nicht zum Vokabular der damaligen Zeit.

Spätestens ab Mitte des 16. Jahrhunderts kam als dritte Interessensgruppe neben Besitzer von Schiff und Ladung und Finder der jeweilige Landesherr hinzu, der ebenfalls Ansprüche anmeldete. Als verlängerter Arm der Obrigkeit fungierten dabei die Strandvögte. Sie waren für die Bergung und mögliche Hilfeleistung zuständig. Sie nahmen auch die angespülten Güter in Verwahrung. Die Strandvögte befanden sich in einer schwierigen Lage. Sie standen im Spannungsfeld von Auflagen der Obrigkeit, Erwartungen der Mitbürger und eigenen Bedürfnissen. Auch die Stadt Hamburg hatte zeitweise einen Strandvogt: Er war an der Mündung der Elbe auf der zu

Hamburg gehörenden Insel Neuwerk stationiert. Lokale Strandungsordnungen setzten das Strandrecht um und regelten, wer welchen Anteil am Strandgut erhielt.

Die Sichtweise, dass die Ladung der havarierten Schiffe weiterhin dem ursprünglichen Besitzer gehörte, setzt sich erst allmählich Mitte des 19. Jahrhunderts durch. So regelte die Hannoversche Strandungsordnung von 1845 den Umgang mit Strandgut eindeutig im Sinne der Schiffseigner. Das sieht auch die heutige deutsche Rechtsprechung vor: Strandgut ist nicht herrenlos, sondern gehört dem Eigentümer der Schiffsladung. Wer sich solches Strandgut aneignet, begeht Diebstahl. Im Frühjahr 1822 hingegen galten noch andere Regeln.

Nachdem die Gottfried auseinandergebrochen war, schwammen einige Kisten leichteren Gewichts auf, und der Sturm trieb sie in südöstliche Richtung. Noch in der Nacht des Untergangs wurden am linken Elbufer zwischen Altenbruch, der Medem-Mündung bei Otterndorf und der Oste-Mündung bei Neuhaus erste Teile der Ladung angespült. Die Anwohner der Außendeiche waren zwar an allerlei Strandgut aus fernen Ländern gewöhnt. Doch der Inhalt dieser angeschwemmten, merkwürdig anmutenden Behältnisse kam ihnen so unheimlich vor, dass sie die Funde freiwillig anzeigten.

Deichgraf Georg Wilhelm Schmeelke, Schultheiß im an die Elbmündung grenzenden Herzogtum Bremen und Verden, stellte die Fundsachen sicher. Er führte genau Buch darüber, welche „ungewöhnlichen Gegenstände" wo und wann anlandeten: ein Straußenei, Hörner von Widdern, Korallen, mumifizierte Fische, zwei Kisten mit diversen Büchern, Briefe, Landkarten und Tagebücher. Auch Ali Paschas Prunkzelt

schaffte es gerade so, allerdings ziemlich zerfleddert, an den Elbstrand westlich der Oste-Mündung. Am 27. März konnten die Abonnenten der Staats- und Gelehrtenzeitung des Hamburgischen unpartheyischen Correspondenten in der Beilage schwarz auf weiß lesen, dass bei Balje sieben (der ursprünglich acht sich an Bord befundenen) Pfostensärge mit den dazugehörenden Mumien angespült wurden. Die mit zahlreichen Hieroglyphen und griechischen Inschriften reich verzierten Särge stammten, wie die Hamburger Ägyptologin Dr. Renate Germer vor einigen Jahren herausfand, aus der Familiengrabstätte des Soter in Luxor, einem hohen Beamten. Den in einen Berg getriebenen Zugang hatten Einheimische 1820 entdeckt.

Die Untoten in den Kisten machten den Fischern Angst, sie hingen dem Aberglauben an, dass die Mumien jeden ins Verderben stürzten, der auch nur in ihre Nähe kam. Zudem grassierte zu dieser Zeit in Ägypten die Pest. Ein stetig wachsendes Sammelsurium aus Wahrheit und Phantasie ging wie ein Lauffeuer um. Deshalb vergruben die Strandgänger die Mumien gleich wieder. Amtliche Bekanntmachungen forderten zur selben Zeit den Eigentümer der angespülten Objekte auf, sich zu melden, um seine Ansprüche geltend zu machen.

Minutoli war zu diesem Zeitpunkt schon nicht mehr Besitzer der Fracht. Da der Schadenfall eingetreten war, hatte der Versicherer der Ladung Zugriffsrecht auf etwaige Fundstücke. Die Gebrüder Schwartz aus Hamburg schickten in den Wochen danach ihre Agenten übers Land, um Fischer und Bauern rund um Otterndorf und Balje zu überzeugen, ihnen das eingesammelte altägyptische Strandgut auszuhändigen.

Eine amtliche Bekanntmachung des Gräfengerichts Freyburg an der Elbe vom 16. März 1822 verfügte die Ausgrabung

der zuvor verscharrten Mumien und deren Verwahrung in der Nähe des heutigen Natureums Niederelbe in Balje bis zur Klärung der Besitzverhältnisse. Der Aushang zeigte Wirkung. Nach kurzer Zeit befanden sich die Mumien in einem – allerdings ungesicherten – Lagerraum. Eines Nachts war der Schuppen aufgebrochen, eine Mumie verschwunden. Sie blieb es. Später machte das Gerücht die Runde, ein ortsansässiger Apotheker hätte die Mumie zu Pulver verarbeitet und es unter der Ladentheke als Aphrodisiakum an die Dorfbevölkerung mit sattem Gewinn verkauft. Christian Jacobsen war der Beauftragte von Schwartz vor Ort. Bei ihm liefen alle Fäden zusammen. Er hatte den Überblick. Aus Kulanz händigte er Minutoli die gefundenen persönlichen Gegenstände aus: Briefe, Landkarten und seine Reisetagebücher. Warum unternahm Minutoli in der Folgezeit nichts, um eine Bergung der Fracht in Erwägung zu ziehen, wenn sie für ihn doch so wertvoll war, wie er stets betonte? Technisch und logistisch wäre ein solches Unterfangen zur damaligen Zeit mit an Sicherheit grenzender Wahrscheinlichkeit nahezu unmöglich gewesen. Minutoli befand sich zudem vom Ort des Geschehens zu weit entfernt, rein rechtlich gesehen gehörte ihm die Ladung auch gar nicht mehr. Für ihn zählte vor allem, dass die Versicherung bereit gewesen war, seine persönlichen Dinge zu übergeben.

Das von der Versicherung eingesammelte Strandgut versteigerte am 4. September 1822 der Kunsthändler, Makler und Auktionator Johannes Noodt in seinen Geschäftsräumen in der Großen Johannisstraße 48 in Hamburg. Der Erlös kam schiffbrüchigen Seeleuten zugute. Geleitet wurde die Versteigerung wahrscheinlich von Georg Ernst Harzen, den Noodt

1821 angestellt hatte und der in der Folgezeit mindestens 20 großen Kunstversteigerungen durchführte. Der Versteigerungskatalog listete das türkische Festzelt ebenso auf wie verschiedene Mumien von Menschen, aber auch von Tieren. Nach Ende der Auktion verlor sich die Spur der Objekte, es existieren keine Aufzeichnungen, keine Namen der Käufer. Doch nur ein kleiner Personenkreis kam als Kaufinteressenten in Frage. Da war zum einen der Auktionator Harzen selbst. Er war Kunstexperte und kannte den Geschmack seines Klientels genau.

Zum anderen hielt der Kaufmann und Sammler Peter Friedrich Röding stets Ausschau nach exotischen Objekten mit Seltenheitswert. Ab 1804 betrieb er in Hamburg am Deichtorwall ein Kunst- und Kuriositätenmuseum, das Museum für Gegenstände der Natur und Kunst, im Volksmund nur Röding's Museum genannt. Anfang Juni 1847 wurde Rödings Sammlung versteigert – wieder durch Harzen. Im Auktionskatalog war auf Seite 89 unter der laufenden Nummer 1319 zu lesen:

„Fünf Aegyptische Amulette, an Mumien gefunden (…) 22 dergleichen, Idole, Nilschlüssel, Amulette u.s.w. von blauem Porzellan, ebenfalls an Mumien gefunden."

Gut möglich, dass diese Versteigerungsobjekte von Mumien aus der Gottfried-Fracht stammten.

Zwei Jahrhunderte liegt der Untergang des Schiffes nunmehr zurück. Die Wahrscheinlichkeit, heute noch Teile der Ladung zu finden, wird immer geringer. Doch tauchen immer wieder Fundstücke aus der Versenkung auf. Wie versteinerte

Korallen, die Werner Kuschel in den 1970ern am Elbufer bei Altenbruch entdeckte. Untersuchungen ergaben, dass es sich um Warmwasserkorallen handelte, die an Elbe oder Nordsee nicht beheimatet sind.

Es ist anzunehmen, dass im Laufe der zurückliegenden Jahrzehnte noch weitere Ladungsteile ihren Weg an heimische Gestade gefunden haben, ohne dass die Funde den Behörden gemeldet wurden. Vielleicht befindet sich ein altägyptischer Zedernholz-Pfostensarg als umfunktioniertes Erdäpfel-Behältnis in irgendeinem Kartoffelkeller oder ein Skarabäus-Amulett als Familienerbstück in der Küchenschublade eines Bauernhauses in Balje oder Neuhaus. Eher durch Zufall werden wir in Zukunft davon Kenntnis bekommen. Was aber sicher ist: Dass sich auf dem Grund der Elbe auch nach 200 Jahren noch der Großteil der wertvollen historischen Ladung aus Ägypten befindet.

Die hohe Kunst der Einbalsamierer

„Göttliche Wickelkinder", „Nil-Zombies", „umwickelte Schattenwesen": mehr oder weniger originelle Umschreibungen für Objekte beziehungsweise Subjekte, die eine lange Tradition des Unverständnisses, aber auch des Missbrauchs in sich vereinen: Mumien.

Mumien haben seit jeher Faszination und Schauder gleichermaßen ausgeübt. Das stellten auch die Fischer fest, die im März 1822 die Gottfried-Mumien am Elbufer bargen. Was geschah mit den Mumien nach der Versteigerung in Hamburg? Gut möglich, dass der neue Besitzer zum „Mumien auswickeln" einlud. Er scharte Freunde oder Geschäftspartner um sich, mit denen er als abendlichen Höhepunkt gemeinsam eine Mumie entbandagierte in der Hoffnung, Amulette und Schmuck zwischen den Leinenbinden zu finden. Wer einen beschriebenen und bemalten Papyrus, das Totenbuch, entdeckte, konnte sich besonders glücklich schätzen. Für den Veranstalter war es ein teures Vergnügen: Eine echte ägyptische Mumie kostete damals so viel wie heute ein neuer Kleinwagen. Die Nachfrage nach einbalsamierten Körpern war dennoch groß, das Angebot gering.

Im April 1883 hatte Friedrich Karl von Preußen, einziger Sohn von Carl Prinz von Preußen, ebenfalls zum „Mumien auswickeln" eingeladen. Die Veranstaltung fand im Jagdschloss Dreilinden statt. Der Prinz hatte die Mumie auf einem Billardtisch drapieren lassen. Sie hatte Friedrich Karl selbst ein Jahr zuvor von einer Ägyptenreise mitgebracht. Die Teilnehmenden hofften, zwischen den einzelnen Binden wertvollen Schmuck zu finden, wurden jedoch enttäuscht. Auch das

Auswickeln verlief so unprofessionell, dass die Mumie in mehrere Teile zerbrach. Ihre Überreste gelten heute als verschollen.

Die Ursprünge des Mumien-Auswickelns reichen knapp 300 Jahre zurück. Der Kontakt zu ägyptischen Mumien war zunächst einem kleinen Kreis von wohlhabenden Reisenden vorbehalten. Im 18. Jahrhundert begaben sich Adlige auf eine Grand Tour, das war eine Bildungsreise nach Italien, Griechenland oder auch Ägypten, um die Kulturen der Antike kennenzulernen. Wer es sich leisten konnte, hatte anschließend eine Mumie im Rückreisegepäck. Nicht selten wurden nach Ankunft Freunde zu einem Diner eingeladen mit anschließendem Höhepunkt „Auswickeln der Mumie". Napoleons Ägyptische Expedition Ende des 18. Jahrhunderts erhöhte die Schlagzahl solcher Events in Europa. In England wurden „Mummy Unwrapping Parties" kommerzialisiert und fanden Eingang in breitere Kreise. In den 1820er Jahren fand nahe des Piccadilly Circus´ in London eine bizarre Theateraufführung statt, in der Mumien ausgewickelt wurden. Überall gründeten sich Mumienvereine. Mumien waren zum Handelsgut geworden. Die immer größer werdende Nachfrage führte dazu, dass immer mehr Fälschungen im Umlauf waren. Teile aus unterschiedlichen Körpern wurden zu einer neuen Mumie zusammengestückelt, es entstand eine Art Form-Mumie. Diese wurde dann von Neuem eingewickelt und mit einem anderen Sarg ausgestattet. Englische Lords trieben das neue Gesellschaftsspiel auf die Spitze: Sie wickelten nicht nur die Mumien aus, sie erzählten sich auch teilweise abstruse Gruselgeschichten, an denen sich die Teilnehmenden ergötzten.

„Der Fluch der Pharaonen" oder auch „Der Fluch des Tutanchamun" bezeichnete die Vorstellung, dass die altägyptischen Könige ihre Gräber mit magischen Sprüchen gegen Eindringlinge schützten. Dieser Fluch wurde vorwiegend mit Todesfällen in Verbindung gebracht, die sich in den Jahren nach der Öffnung des Grabes des Tutanchamun im Tal der Könige durch Howard Carter 1922 ereigneten. Als Lord Carnarvon, Carters Sponsor, keine drei Monate später völlig unerwartet mit 56 Jahren starb, kamen sofort die ersten Spekulationen auf: Carter soll eine mysteriöse Tontafel gefunden haben mit einem altägyptischen Grabfluch „Der Tod wird auf schnellen Schwingen zu demjenigen kommen, der die Ruhe des Pharaos stört". Doch eine solche Tafel hat es nie gegeben. Als weiterer Beleg für einen derartigen Fluch galt das Ableben von Carters Kanarienvogel durch den Angriff einer Kobra. 1973 schrieb ein Journalist ein Buch, in dem er 30 Tote auflistete, die angeblich mit dem „Fluch der Pharaonen" zu tun hatten. Es wurde ein Bestseller. Immer wieder ist über Schimmel- oder Pilzsporen fabuliert worden, entweder bereits damals mitmumifiziert oder später in Museen als resistente Keime aufgepflanzt. Oder etwa über strahlende Substanzen, mit denen die Ägypter ihre Gräber schützten oder Mumienstaub, der bei Arbeiten an der Mumie eingeatmet wurde. Wissenschaftlich belastbare Belege hat es bislang in keinem Fall gegeben.

Warum mumifizierten die Ägypter ihre Verstorbenen? Ihre religiösen Vorstellungen beruhten auf dem Glauben an ein Leben nach dem Tod. Dafür war es wichtig, den Körper des Verstorbenen zu erhalten, damit die beim Tode freiwerdende Seele einen Platz hatte, an den sie zurückkehren konnte. Die

Unversehrtheit des Körpers, also ein sorgfältig einbalsamierter Körper, aber auch ein intaktes Grab waren im ägyptischen Glauben Voraussetzung für ein Weiterleben. Die Bestattungsriten vom Todestag des Verstorbenen bis zur Beisetzung, auch „Lösung" genannt, beinhaltete die Mumifizierung und weitere magische Handlungen, die insgesamt 70 Tage dauerten. Auf die eigentliche Herstellung der Mumie selbst entfiel etwas mehr als die Hälfte der Zeit.

Die Einbalsamierungsstätten waren luftig konstruierte Holzbauten und lagen wegen des hohen Wasserbedarfs und der starken Geruchsbelästigung direkt am Nil oder in der Nähe eines Bewässerungskanals. In den Hütten standen die Präparationstische aus Holz oder Stein. Die Tische hatten eine angeschrägte Arbeitsplatte, von der die Körperflüssigkeiten in ein Sammelbecken abtropfen konnten. Am Anfang der Einbalsamierung stand stets die intensive Waschung des Leichnams.

Nach dem Tod begann der Zerfallsprozess des Körpers zuerst bei den Organen und dem Gehirn. Die Balsamierer mussten ein Übergreifen auf den restlichen Körper unterbinden und entfernten zunächst diese Körperteile. Wenn sich das Gehirn zersetzte, lief ein Teil als Flüssigkeit aus dem Hinterhauptloch aus. Eine schwammartige Masse blieb im Schädel zurück. Dieses Gewebe entnahmen die Experten durch die Nase mit einem langen gebogenen Metalldraht, dem Mumifizierungshaken. Damit dies besser funktionierte, erweiterten sie die Nasenlöcher. Das musste sorgfältig geschehen, denn das Gesicht des Leichnams durfte nicht entstellt werden, da er im späteren Totengericht auch wiedererkannt werden musste, so die religiöse Vorstellung. Danach füllten sie

erhitztes, dünnflüssiges Salböl in den Schädel ein. Das Öl bestand aus einem Gemisch verschiedener Harze, Bienenwachs, aromatisierenden Pflanzenölen und zuweilen aus Erdpech.

Jetzt wendeten sich die Balsamierer dem Leib des Leichnams zu. Sie zogen eine Linie entlang der linken Seite und schnitten mit einer Klinge aus Obsidian den Bauchraum auf. Dann entnahmen sie die Eingeweide mit den Organen. Fast immer verblieb das Herz, das nach damaligem Verständnis der Sitz aller Körper- und Geisteskräfte war, im Körper. Auch die Nieren ließen die professionellen Auswaider unberührt, sie kannten ihre Funktion nicht, und die Nieren waren zudem nur schwer erreichbar. Dann wurde die Bauchhöhle mit Palmwein und aromatischen Essenzen gereinigt und anschließend mit trockenen Substanzen wie Myrrhepulver eingerieben.

Die Eingeweide von königlichen Familienmitgliedern wickelten die Konservierer getrennt nach Leber, Magen, Lunge und Gedärm in harzgetränkte Leinenbinden ein, stopften sie in vier flaschenähnliche Gefäße, die Kanopen, und übergossen das Ganze mit harzigem Salböl. Die Kanopen bestatteten sie später neben der Mumie. Jedes Gefäß unterstand dem Schutz eines der vier Söhne des Gottes Horus und der Göttin Isis. Sie waren eine Art Führer für die Jenseitsreise des Toten. Die Horus-Söhne trugen den Verstorbenen zu Grabe, vollzogen das Mundöffnungsritual und nahmen an den Stundenwachen teil. Ihre Hauptaufgabe bestand darin, den Leichnam mit den Eingeweiden vor Hunger und Durst zu schützen.

Damit der Leichnam nicht dem Zerfall ausgesetzt war, mussten die Spezialisten ihm zudem Flüssigkeit entziehen. Diese Behandlung dauerte allein 35 bis 40 Tage. Dabei verlor der Körper bis zu 40 Kilogramm Wasser. Das Entwässern des

Gewebes übernahm Natron: Es kam im Land an mehreren Stellen in so großem Umfang vor, dass sich ein Abbau lohnte. Hauptlieferant war das Wadi Natrun in Unterägypten, nach dem das Produkt auch seinen Namen erhielt. Die Mumifizierer benutzten wahrscheinlich festes Natron, die Leichen wurden also nicht in ein Natronbad gelegt. Ein Mehrfaches des Körpervolumens an festem Natron platzierten sie im Körper des Verstorbenen und drum herum. Die Chemikalie konnte mehrfach verwendet werden, allerdings mit abnehmender Wirkung.

Nach der Trocknungsphase konnte die eigentliche Balsamierung beginnen. Stopfen und Parfümieren hieß die Devise. Der Leichnam war ausgeräumt und eingefallen, die Leibeshöhle vakant, der Leichengeruch weiterhin unangenehm. Die Präparatoren schlugen jetzt zwei Fliegen mit einer Klappe. Denn als Stopfmaterial dienten nicht nur Leinenpäckchen, Natronbeutel, Samen, Sägespäne, Häcksel und Sand, sondern auch wohlriechende Duftstoffe wie Myrrhe, Weihrauch, Wacholderbeeren, Moose, Duftflechten, aber auch Zedernharz, Bienenwachs und Salböle. Dabei legten sie duftende Pflanzen längere Zeit in geruchsneutrales Öl ein, das Ganze pressten sie später aus, so entstand ein wohlriechendes Salböl. Ihm wurde außer seinem Wohlgeruch auch eine antibakterielle Wirkung zugeschrieben. Auch die spröde, ausgetrocknete Haut rieben sie mit Salbölen ein, sie gewann so ihre Elastizität zurück. Die duftende Auspolsterung verhinderte ein Zusammenfallen der Körperhöhle, die Leiche erhielt ihr natürliches Volumen zurück. Die Präparierer füllten die Nasenöffnungen mit salbölgetränkten Leinenbinden oder auch mit Pfefferkörnern auf. Da auch die Augäpfel durch den Wasserentzug stark

an Volumen abgenommen hatten, setzten die Kunst-Stopfer in Arcimboldo-Manier künstliche Augen aus kleinen Küchenzwiebeln, bemalten Fayencen oder Leinensäckchen auf. Die Finger umwickelten sie mit Schnüren, um die Fingernägel zu stabilisieren.

Wichtige Körperteile waren mit Goldauflagen geschützt. So befanden sich zuweilen im Mundbereich goldene Zungenplättchen. Damit sollte der Verstorbene sprechen können, wenn er sich vor Osiris, dem Gott der Unterwelt, vor Gericht zu verantworten hatte. Bei kostbar ausgestatteten königlichen Mumien waren empfindliche Partien wie Finger und Zehen durch Goldhülsen geschützt.

Nach der Einbalsamierung vollzogen Priester an der Mumie verschiedene Rituale, wie etwa das der Mundöffnung, die dem Verstorbenen den Gebrauch seiner Sinne zurückgeben sollte. Sie bestand aus mehreren Handlungen: Darbringung von Reinigungsopfern, Räuchern, wiederholte Salbungen, und das Berühren des Gesichts mit speziellen Hilsmitteln. Jetzt konnte der Körper auf ewig Ruheplatz der Seele sein.

Nun mussten die Balsamierer den Leichnam noch mit Binden umwickeln. Bei diesem nach festen Regeln vollzogenen Ritual führte meist ein Priester in der Maske des schakalköpfigen Gottes Anubis die Oberaufsicht. Anubis war der Schutzpatron der Präparatoren, der Erfinder der Begräbnisriten, Herr der Mumifizierung.

Die Bandagen klebten sie mit harzigem Salböl zusammen, einer Mixtur aus Kiefernharz und Pflanzen- oder Tierfett. Währenddessen wickelten sie zahlreiche Amulette aus Fayence oder Halbedelsteinen mit ein oder nähten sie auf den Mumienbinden fest. Die Objekte hatten alle spezielle Schutz-

funktionen und sollten die Regeneration des Verstorbenen nach seinem Tode sichern. Oft legten die Balsamierer dem Verstorbenen einen mit magischen Formeln beschrifteten Herzskarabäus auf die Brust. So sollte vermieden werden, dass das Herz beim Totengericht gegen seinen Besitzer aussagte. Manchmal befand sich auch eine mehrere Meter lange Papyrusrolle, das Totenbuch, zwischen den Händen des Einbalsamierten. Die Texte waren eine Sammlung von magischen Sprüchen und Ratschlägen, die, einem Reiseführer ähnlich, dem Verstorbenen dabei helfen sollten, sich im Totenreich zurechtzufinden.

Die Leinenwicklung, Teil des Balsamierungsrituals, kam einem handwerklichen Meisterstück gleich. Schmale Leinenbänder, teils in unterschiedlichen Farben, verliefen in komplizierten Mustern über die Mumie und bildeten Kassetten. Das Umwickeln der Leiche mit bis zu 400 Quadratmetern Leinenstoff war keine Seltenheit. Große Mengen an Leinenbinden und Tüchern wurden benötigt. Weber stellten Mumienbinden her, die Wickelkünstler verwerteten aber auch alte, ausrangierte Textilien.

Besondere Sorgfalt widmeten sie der Körperform. Ziel war, ein möglichst lebendiges Aussehen zu erreichen. Mit den Leinenwicklungen modellierten sie den Körper neu, aus dem klebrigen Gewebe bildeten sie Brustwarzen und Geschlechtsteile nach.

Mumienmasken gehörten zum wichtigsten Teil der Mumienausstattung. Es handelte sich um bunt bemalte Leinwandkartonage, die aus mit Gips überzogenen, verklebten Leinenschichten bestand. Dann gab es noch die Mumienmasken aus Papyri, altägyptischem Altpapier. Nicht mehr benötigte

beschriebene Papyri, etwa zur Vernichtung freigegebene Akten, wurden verklebt und zu Masken geformt. Sie bedeckten auch den oberen Teil der Brust und des Rückens. Auf der Vorderseite waren sie meist mit einem bunten Halskragen bemalt. Die fertig präparierte Mumie legten die Experten inklusive Maske in einen Holzsarg, der eine grobe menschliche Form hatte. Dieser Holzsarg kam dann in einen zweiten rechteckigen Steinsarg: Matrjoschka auf altägyptisch. Dem Glauben nach konnte der Tote durch die großen auf der Maske aufgemalten und weiteren an der Wand am Kopfende des Steinsarges befindlichen Augen hinaus in die Welt blicken. Füße von Mumien steckten oft in „Mumienschuhen", speziell angefertigte Hüllen für die Füße, die meist mit der Darstellung gefesselter Feinde dekoriert waren, die der Tote dann „mit Füßen treten konnte".

Die Einbalsamierer waren hoch angesehene Spezialisten, sie waren Chirurgen und Priester, Handwerker und Künstler zugleich. Mit ihren Mumifizierungsinstrumenten wie Pinzette, Spatel, Löffel, Nadel, Messer und Ahle mit Gabelkopf gingen sie virtuos zu Werke.

Die Art der Mumifizierung war eine Frage des Geldes. Die Angehörigen eines Verstorbenen mussten für die Einbalsamierung der höchsten Preisklasse ein Talent bezahlen, das waren umgerechnet knapp 26 Kilogramm Silber. Weniger kostete ein anderes Verfahren: Die Balsamierer pumpten Zedernöl durch den After in den Leib, nach der Ruhezeit in Natron ließen sie das Öl wieder ab, zusammen mit den sich aufgelösten Eingeweiden. Das Wickeln übernahmen die Angehörigen dann in Eigenregie. Ein richtiges Schnäppchen war die Prozedur bei der Verwendung von billigem Rettichöl.

Das Arzneimittel Mumia

In Europa wurde das Wissen über Mumien und die zugrundeliegenden religiösen Vorstellungen der Ägypter über Jahrhunderte erfolgreich verdrängt. Viele waren sich nicht bewusst, oder sie wollten es nicht wissen, dass sie es mit den sterblichen Überresten eines einmal real existenten Menschen zu tun hatten. Geschäftemacher kaschierten erfolgreich den mythologisch-religiösen Zusammenhang wie Leinenbinden die Leichname.

Aus welchem Grund wurden die einbalsamierten, leinengewandeten Körper aus Ägypten eigentlich „Mumien" genannt? Innovative Surrogat-Experten aus dem Mittelalter hatten dabei ihre Hände im Spiel. Sie machten aus der Not eine Tugend und übertrugen die positiven Eigenschaften einer seltenen Ressource, einem natürlich vorkommenden wirksamen Heilmittel, auf die Balsamierungsrückstände der Leichname, inklusive der Namensbezeichnung.

Das Wort „Mumie" kommt aus dem Persischen: „Mum" bezeichnete eine schwärzliche Substanz aus dem Erdreich, die früh in der Heilkunde genutzt wurde. „Mumia" war ein geschätztes Heilmittel gegen Knochenbrüche.

Der griechische Arzt Dioskurides nannte es im 1. Jahrhundert n. Chr. in seinem Standardwerk der Pharmakologie „Pissasphalt", eine Mixtur aus Pech und Asphalt, und verordnete es vor allem zur Wundbehandlung. Im Abendland erfüllte diese natürliche Mumia die damaligen Qualitätsstandards.

Das Problem bestand allerdings darin, dass Angebot und Nachfrage für das Erdpech Mumia in keinem Verhältnis zueinander standen. Das Mittel war so unzugänglich, dass früh

nach Ersatzprodukten Aussschau gehalten wurde. In einem über die Landesgrenzen Württembergs hinaus bekannten Arzneibuch, der Pharmacopoea Wirtembergica, war 1741 zu lesen:

Nach rein äußerlichen Kriterien dürften die an ägyptischen Leichnamen, Särgen und Gefäßen noch anhaftenden Balsamierungssubstanzen in Form einer schwarzen, klebrigen Harzmasse dem gefragten Mumia-Heilmittel recht ähnlich gewesen sein. Geschäftstüchtige Apotheker suchten nach einem billigen Ersatzprodukt mit gleicher Heilwirkung. Bereits im 12. Jahrhundert hatte der arabische Arzt Abd al-Latif geschrieben, man könnte die mineralische Mumia durch die schwarzen, harzigen Substanzen aus den Körperhöhlen einbalsamierter Leichen ersetzen. Bis zur Verwendung zermahlener Mumienteile, übrigens auch als Farbpigment mit der Bezeichnung Mumienbraun in Umlauf gebracht, war es dann nur ein logischer Schritt.

Seit dem 16. Jahrhundert waren ägyptische Mumien ein Exportschlager für den europäischen Markt. Sie wurden auf direktem Weg bezogen und in den großen Messestädten wie

Frankfurt, Nürnberg und Leipzig an Apotheken verkauft. Im 18. Jahrhundert erwarb die Ratsapotheke in Lübeck eine solche Mumie, die dort bis 1811 ausgestellt war. Ihr Kopf war ausgewickelt. Im Gesichtsschädel fiel ein gebohrtes Loch auf, durch das wohl das kostbare Mumienharz herausgeholt worden war. Ein Grund für die Plünderung vieler Gräber in Ägypten war die riesige Nachfrage nach der Arzneidroge „Mumia".

Aber auch Fälschungen wanderten in die mittelalterlichen Apothekenschränke: Kriminelle zermahlten aus Gräbern entwendete Leichname von europäischen Friedhöfen oder zerkleinerten importierte bandagierte Kamelkörper. Noch 1924 listete die Darmstädter Pharmafirma E. Merck „Mumia vera Aegyptica" in ihrem Katalog auf, zum Preis von stattlichen zwölf Goldmark das Kilogramm.

Museumsfunde

Die jahrzehntelange Suche nach Einzelstücken aus der Gottfried-Ladung hat sich als Sisyphos-Arbeit erwiesen. Die Recherche in Archiven, Bibliotheken und Museen konzentrierte sich auf den Verbleib der im September 1822 in Hamburg versteigerten Mumien respektive Mumien-Bestandteilen.

Das Museum für Kunst und Gewerbe in Hamburg ist eine gute Adresse für belastbare Informationen zu Minutoli-Fundstücken. 1997 befand sich in der Museums-Sammlung eine mumifizierte Hand und ein mumifizierter, teilweise stark zerstörter Mumienschädel mit Resten von Vergoldung im Bereich der Augen. In der Sonderausstellung „Das Geheimnis der Mumien. Ewiges Leben am Nil" war zudem eine Kindermumie ausgestellt, die allerdings nicht zum Bestand der Sammlung gehörte. Nach Angaben des Leiters der Sammlung Antike, Dr. Frank Hildebrandt, hatten zuvor Museumsmitarbeiter im Rahmen der Ausstellungsvorbereitung die Depotbestände gesichtet. Hatten Hand und Schädel einen Bezug zur Gottfried-Ladung? Minutoli war in seinem Reisebericht 1824 darauf eingegangen, dass er im Innern der Stufenpyramide des Djoser in Sakkara einen vergoldeten Mumienkopf und zwei vergoldete Fußsohlen gefunden hatte:

„mir wurden bloss die Bruchstücke einer kostbaren Mumie zuteil (...) sie bestanden in einem stark vergoldeten Schädel und zweien ebenfalls vergoldeten Fußsohlen, aber auch diese in ihrer Art einzigen Stücke wurden ein Raub der Wellen."

Einige Jahre nach der Ausstellung untersuchte Professor Klaus Püschel von der Rechtsmedizin des Universitätsklinikums Hamburg-Eppendorf die beiden Exponate des Museums. Er fand allerdings keine Anhaltspunkte für eine vermutete Verbindung zur Gottfried-Ladung. Da die Mumienstücke ohne jeglichen Kontext und ohne Inventarnummer in der Sammlung aufbewahrt waren, entschied sich das Museum, Mumienschädel und -hand in die Lehrsammlung der Rechtsmedizin des UKE abzugeben.

Dennoch besitzt das Museum für Kunst und Gewerbe zwei Objekte, die definitiv Teil der Ladung des verunglückten Frachters waren: eine Mumienbinde und eine Mumienlocke. Anlässlich der Gründung des MK&G 1877 fand eine Übertragung von der Hamburger Kunsthalle an das neue Museum statt, eine nicht unübliche Art von Anschub-Aktivitäten unter Museen. Die Kunsthalle hatte einige wenige altägyptische Artefakte im Bestand, vielleicht stammten sie sogar aus dem Röding´schen Nachlass. Das Museum wollte sich auf andere Sammlungen konzentrieren, deshalb wechselten Mumienbinde und Haarlocke mitsamt Begleit-Briefchen den Besitzer. Im Museum für Kunst und Gewerbe erhielten sie die Inventarnummer 1877.292. Auf dem Umschlag ist in Sütterlin der Fundhinweis zu lesen:

„Haarlocke u. Stück der Binde einer weiblichen Mumie, welche der Gl. Menu von Minutoli aus Ägypten gebracht, bey Neuhaus an Land getrieben aus dem dort gestrandeten Schiffe – in Freyburg mitgenommen d. 5. April 1822.“

Mumienlocke und Mumienbinde, Museum für Kunst und Gewerbe, Hamburg © Johannes Westerkamp

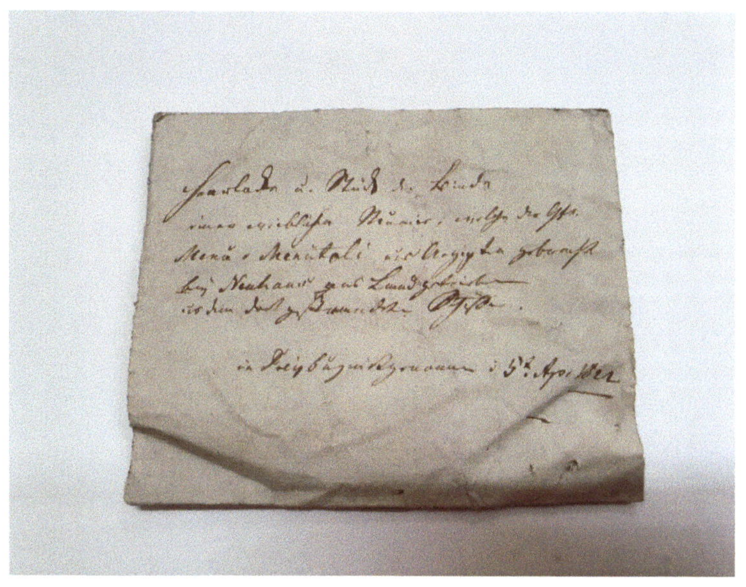

„Mumienbriefchen", Museum für Kunst und Gewerbe, Hamburg
© Johannes Westerkamp

Anfang des 19. Jahrhunderts galten Mumienlocken als ein ganz besonderes Geschenk und Zeichen der Ehrerbietung. Mumienlocken konnten nicht gekauft werden, sie wurden meist hochgestellten Persönlichkeiten überreicht. Es waren heißbegehrte Trophäen, reserviert für einen exklusiven Empfängerkreis.

Die Handschriftenabteilung der Staats- und Universitätsbibliothek Göttingen besitzt ein Dokument, das belegt, dass der Anthropologe Johann Friedrich Blumenbach im Februar 1823 eine von zwei geflochtenen Locken vom Haupthaar einer weiblichen ägyptischen Mumie Johann Wolfgang von Goethe überließ. Die andere Locke behielt er für seine eigene Schädelsammlung:

„Eine von den hundert dünnen Haarflechten, wodurch sich
die schönste von den sieben Mumien des Gnl. Minutoli,
die im Frühjahr an der Küste des Herzogthums Bremen
gestrandet sind, auszeichnete."

Hier irrte Blumenbach zwar, denn es handelte sich um insgesamt acht Mumien, jedoch ist das Schreiben aus Göttingen
ein weiterer Mosaikstein auf der Suche nach der Gottfried-
Ladung.

Kriminalistisches Feingespür

Die Minutoli-Fracht bestand aus knapp einhundert Kisten plus Sperrgut. Davon ist in den vergangenen 200 Jahren nahezu nichts aufgetaucht. Also müssen sich die altägyptischen Artefakte weiterhin in der Elbmündung befinden.

Eine Frachtliste, die Aufschluss über Quantität, aber auch über Qualität der Ladung geben könnte, ist bislang nicht gefunden worden, existierte vielleicht gar nicht. Es liegt aber eine recht aufschlussreiche Auflistung vor, die der Ägyptologe Levezow 1825 in der Zeitschrift Amalthea veröffentlichte. Der Detailreichtum dieser Liste lässt vermuten, dass Minutoli ihm dabei zugearbeitete. Er konnte vielleicht zurückgreifen auf Angebotslisten von Händlern in Alexandria, Luxor und Sakkara, die er aufbewahrt hatte. Neben den später angeschwemmten acht hölzernen Pfostensärgen mit Mumien und dem türkischen Prunkzelt sind aufgelistet: der riesige Granit-Sarkophag aus Sakkara, eine Pyramidenspitze aus Syenit, Stelen, Steinreliefs und Schrifttafeln aus Granit und Alabaster mit Hieroglyphen, mehr als einhundert Grab- und Denksteine, bemalte griechische Vasen und griechische Büsten aus Alabaster, Marmor und Ton, mehr als einhundert Kanopen mit Eingeweiden von Toten, Säulen, verziert mit Hieroglyphen, Steinstatuen, ein Opferaltar aus Basalt mit Hieroglyphen, eine komplette Türeinfassung zu einem Grab mit Verzierungen, bemalte und vergoldete Masken und einbalsamierte Tiermumien von Katzen, Krokodilen, Schakalen, Ibissen, Schlangen, Kälbern und Pavianen.

Minutoli selbst bestätigte Levezows Angaben durch eigene Auflistungen der Verluste in späteren Korrespondenzen mit

befreundeten Wissenschaftlern, so in einem Brief an den französischen Altertumsexperten Jean Antoine Letronne am 24. Juli 1831.

Ist es möglich, den Schauplatz der Schiffstragödie mit einer Ortsmarke zu versehen? Ist der genaue Havarieort des Frachtenseglers dokumentiert? Wie belastbar sind zeitgenössische Quellen? Ein Wirrwarr von Begriffen erschwert dabei die genaue Orientierung. Ein Blick auf die Karte der Elbmündung zeigt ein riesiges Gebiet, die Elbe bei Cuxhaven ist heute rund 18 Kilometer breit.

Im Frühjahr 1822 legten die Behörden eine ausführliche Akte an mit dem Titel:

„Die von dem im März 1822 auf den Nordern-Gründen gescheiterten Schiffe „Gottfried", Capt. H–J. Riesbeck von Triest, an das diesseitige Elbufer angetriebenen Gegenstände, worunter mehrere für Rechnung des preußischen Gouvernements in Ägypten angekauften Mumien und andere Alterthümer und Naturalien befindlich gewesen."

Das Dokument sollte sich eigentlich im Staatsarchiv Stade befinden – Stade war damals Verwaltungssitz des Herzogtums Bremen-Verden. Doch in der Findliste ist das Konvolut als verloren eingetragen. Möglich, dass das königliche Kabinett in Hannover die Akte damals anforderte, es dann aber versäumte, das Schriftstück wieder nach Stade zurückzuschicken. Die Regierung beschäftigte sich damals mit dem Thema ausführlich, weil der Untergang der Gottfried und der dann folgende Umgang der Anrainer mit dem Strandgut eine breite

Diskussion ausgelöst hatten über die Rechtmäßigkeit der Einbehaltung von angeschwemmten Gütern. Als Ergebnis wurde 1828 eine neue Strandungsordnung erlassen.

Welche Informationen enthalten zeitgenössische Zeitungsartikel? In der Unglücksnacht blies ein Jahrhundertsturm, die Gottfried war also nicht das einzige Schiff in Seenot. In einer Meldung vom 13. März 1822 war zu lesen:

Laut Aussagen von Elblotsen sind in der Nacht vom 11. auf den 12. März eine Gallias, wie man glaubt von Triest, und eine Englische Brigg, wohin und woher unbekannt, auf den Nordergründen beim Eingang in die Eider festgerathen, und wahrscheinlich gänzlich verloren gegangen."

Lotswesen

Das Lotswesen ist so alt wie die Schifffahrt. Nur wer sich mit den starken Strömungen und den zahlreichen Sandbänken auskannte, konnte halbwegs sicher in die Elbmündung einsegeln. Einlaufende Schiffe bedienten sich gerne der Dienste ortskundiger Fischer. Bereits zu Zeiten der Hanse im 13. Jahrhundert gab es auf der Elbe ein Lotswesen. Zunächst waren es die Helgoländer und Neuwerker, die im Lotsdienst tätig waren. Im 17. Jahrhundert entstand auch im damals hamburgischen Cuxhaven eine Lotsstation. In der „Hamburger Pilotage Ordnung" von 1656 wurde das Lotswesen in der Elbe erstmals geregelt.

Quelle der Nachricht war der Kommandeur der Elblotsen Cuxhaven, Christopher Jansen. Er versorgte seine vorgesetzte Behörde in Hamburg in den Folgetagen ausführlich mit Informationen über den Sturm und seine Folgen.

Cheflotse Jansen sprach in seinem Bericht davon, dass das Schiff „festgerathen", also gestrandet, war. Die harmlos aussehenden Sandbänke der Elbmündung können bei Sturm auch heute noch ziemlich heimtückisch sein. Die anrollenden Wellen überschlagen sich im flachen Wasser und werden zu Brechern, die alles mitreißen. Ein Schiff, das in solche Grundseen gerät, kann sich oft nicht mehr aus eigener Kraft befreien. Es wird immer wieder auf den harten Sandgrund geschleudert. Selbst größere Schiffe brechen so manchmal innerhalb von wenigen Stunden auseinander.

Die Ortsangabe von Jansen „auf den Nordergründen beim Eingang in die Eider" erscheint beim Blick auf alte Seekarten nicht stimmig. Wäre die Gottfried dort, wo die Eider in die Nordsee mündet, untergegangen, wären die Kisten wesentlich früher an Land gespült worden, nicht erst am Südufer der Elbe. Dazwischen liegen fast 50 Kilometer. Dieser Hinweis hilft also erst einmal nicht weiter.

Dafür aber die Notiz eines anderen Lotsen an seinen Vorgesetzten. Darin führte er aus, dass wenige Tage nach dem Unglück noch ein Teil des Wracks zu sehen gewesen wäre. Ein „Fischer Wendt" hätte auf Niedrigwasser gewartet, sich dazu in nächster Nähe zum Wrack „auf die Flack gelegt" und anschließend aus der Kajüte Schriftstücke mitgenommen. Was hat es mit dieser „Flack" auf sich?

„Die Topographie des Herzogthums Holstein" von 1841 gibt detailliert Auskunft über dieses recht unübersichtliche Areal:

„Die südlichsten der Dithmarscher-Watten oder Gründe sind Gehlsand und Vogelsand, deren westliche Enden 7 Meilen von der dithmarschen Küste entfernt liegen und im Norden das Fahrwasser vor der Elbmündung begrenzen. Zwischen diesen Gründen und Buschsand befindet sich ein für die Schiffer sehr gefährliches Fahrwasser, die Norder- oder falsche Elbe genannt. Von der Mündung der Miele (westlich von Meldorf) läuft ein tiefes Fahrwasser gegen Norden, südlich von Büsum vorüber, geht von hier gegen Westen und theilt sich dann in zwei Arme, welche die Norder- und Süderpiep genannt werden. In diesem Fahrwasser findet man bei niedrigem Wasser eine Tiefe von 3 bis 7 Faden (...) Buschsand, wovon ein Theil auch Riesen genannt wird, erstreckt sich von der Norder-Elbe nach der Süderpiep. Es liegt bedeutend über dem Wasserspiegel zur Fluthzeit und beschützt das s.g. Binnen-Fahrwasser (Flackstrom und Dieksander-Gatt genannt), welches durch die Watten von der Süderpiep nach der Elbe führt. Im Norden geht dieses Binnen-Fahrwasser von der Norder-Piep durch das Ostermannsloch und Bäckerloch in die Eider, so daß man vermittelst dieses Fahrwassers mit niedrig gehenden Fahrzeugen von der Eider nach der Elbe gelangen kann, ohne die offene See oder die Mündung dieser Flüsse zu berühren."

Der Versuch, aus den sich anscheinend wiedersprechenden Ortsangaben „auf den Nordergründen beim Eingang in die Eider" und „auf die Flack gelegt" eine Schnittmenge zu bilden, hat zum Ergebnis: Die Ortsmarke „beim Eingang in die Eider" ist irreführend, sie muss wesentlich weiter gefasst werden. Entscheidend ist der Begriff die „Flack" oder der „Flackstrom" nahe Meldorf, wo es auch heute noch eine Straßenbezeichnung „Flackstrom" gibt. Es handelt sich offensichtlich um die Flachwasserzone beim Dieksander Gatt. Sie liegt am Beginn einer schmalen Fahrrinne durch die Watten, markiert durch Pricken, meist junge Birken, und führt zwischen den Sandbänken über den Flackstrom zur Mündung der Eider. Ausschließlich ortskundige Fischer nutzten sie mit ihren Flachwasserbooten, um nicht aufs offene Meer hinaus zu müssen. Das bedeutet, dass die Information „auf den Nordergründen beim Eingang in die Eider festgerathen" eine starke Verkürzung dessen darstellte, was eigentlich gemeint war, und es eigentlich ausgeschrieben hätte heißen müssen: „Auf den Nordergründen in der Flachwasserzone am Beginn der schmalen Fahrrinne zum Eingang in die Eider festgerathen". Das südliche Ende des Wattenmeers war also der Ort, an dem nach der Gottfried und ihrer Ladung gesucht werden musste. Die Auswertung von meteorologischen Daten und Tidekalender des Zeitpunkts der Havarie und der Stunden danach bestätigten diese Annahme. Der Weg der angeschwemmten Mumienkästen konnte zurückverfolgt werden und deutete auf dasselbe Gebiet hin.

Die Insel Trischen ist ein guter Orientierungspunkt: eine unbewohnte sichelförmige Insel vor der Meldorfer Bucht, rund 14 Kilometer vor der Dithmarscher Nordseeküste. Die

Insel ist knapp drei Kilometer lang, bis zu eineinhalb Kilometer breit und knapp zwei Quadratkilometer groß. Wegen der Strömungsverhältnisse trägt das Wasser stetig Sand im Westen ab, während sich an der Ostseite neues Land bildet. So hat sich Trischen seit der Entstehung vor rund 400 Jahren etwa vier Kilometer auf die Festlandsküste zubewegt, aktuell sind es drei Meter im Monat. Geologen nennen sie die „schnellste“ Insel der Welt. Auf alten Seekarten tauchte die Insel unter den unterschiedlichsten Bezeichnungen auf, so 1705 als Buschsand. Die Namen und mit ihnen die Seekarten veränderten sich genauso rasant wie die Inseln, Sandbänke und Priele.

Südlich von Trischen, am Nordrand des Elbefahrwassers, liegt die Sandbank Gelbsand und noch weiter südlich das gefürchtete Klotzenloch. Vor dem Gewässer wird ausdrücklich gewarnt. Die Gegend ist heute noch genauso gefährlich wie damals. Gelbsand oder Gehlsand, wie die Sandbank früher hieß, verändert sich durch die Einwirkung von Gezeitenströmungen und meteorologischen Gegebenheiten permanent. Gerade die Tiefenveränderungen sind erheblich. 1905 bestand Gelbsand aus zwei kleineren Sandkörpern, die durch eine bis zu acht Meter tiefe Prielrinne getrennt waren. Dieses Luechter Loch wanderte in den folgenden fünf Jahrzehnten immer weiter nach Westen. Mehrere kleine Sandbänke wuchsen zusammen, weitere Sandmengen lagerten sich hier ab. Es bildete sich in der Folgezeit ein neues Luechter Loch.

Halenbeck, Lüder: *Uebersichts-Karte der Nordsee-Küste von der Elbe bis zur Ems, 1881*

Wracksuche im Klotzenloch

Mit dem Gebiet rund um das Klotzenloch liegt eine belastbare Ortsmarke für den wahrscheinlichen Havarieort der Gottfried vor. Warum ist der „Schatz" bislang noch nicht geborgen worden? Nach wie vor schlummert er weiter unentdeckt in der Elbmündung, metertief im Elbschlick eingebacken, unter Schwemmsand verborgen. Die Gottfried war ein Segler aus Holz, dessen zertrümmerte Eichenplanken nach 200 Jahren im Wasser nur noch schwer als ehemalige Bestandteile eines Schiffes zu identifizieren sind. Die wenigen Baugruppen aus Eisen sind zu marginal, als dass Metalldetektoren auf Anker, Öfen oder Beschläge anschlagen würden.

Zwei, die sich seit Jahrzehnten der Suche nach der Gottfried und ihrer Ladung verschrieben haben, sind Dr. Joachim S. Karig und Rainer Leive. Karig blickt auf eine mehr als 30jährige berufliche Laufbahn im Ägyptischen Museum in Berlin zurück, zuletzt als stellvertretender Leiter und Oberkustos. Hier hörte er zum ersten Mal vom Untergang der Gottfried mit den einzigartigen Aegyptiaca an Bord, das Thema hat ihn seitdem nicht wieder losgelassen. Im Sommer 1972, unter dem damaligen Direktor des Museums Jürgen Settgast, begann er mit seinen Recherchen. Knapp 40 Jahre später gab Karig in einer Fernsehdokumentation Einblick in sein Seelenleben: „Die Suche nach der Gottfried ist wie eine Jagd nach einem Phantom, nach einem Gespenst, auf der anderen Seite ist sie immer so nah und so greifbar, dass wir die Suche nie aufgegeben haben und wir immer noch hoffen, es irgendwann packen zu können." Zunächst war Karig bei seinen Forschungen allein auf weiter Flur. Er hatte alle wichtigen

Quellen angezapft, eine große Menge an Daten gesammelt, bis er an einem Punkt angelangt war, an dem er sich bewusst war, dass er nur schwer weitere Dokumente über Schiff und Fracht zusammentragen konnte.

Im Sommer 1989 war Karig wieder einmal im Staatsarchiv Stade, als er die Bekanntschaft mit Rainer Leive machte. Leive war von Beruf Hydrologe und Wasserbauer. Seit Anfang der 1970er-Jahre beschäftigt sich der Hobbyhistoriker mit Wasserständen, Sturmfluten und Küstenverläufen an Elbe und Nordsee. Karig konnte Leive dafür gewinnen, an einem Forschungsbericht der Stiftung Preußischer Kulturbesitz zur Sammlung Minutoli mitzuwirken. Der Beginn einer jahrzehntelangen Zusammenarbeit – und gegenseitigen Respekts. Leive und Karig haben viel Zeit und Kraft der Suche nach Schiff und Ladung gewidmet. Leive wertete Wetteraufzeichnungen in Archiven in Hamburg, Stade und Kiel sowie in England, Dänemark und Schweden aus, um die Position des Sturms in der Unglücksnacht zu bestimmen.

1992 wurde es ernst. Eine erste Suchkampagne vor Ort in der Elbmündung. Karig und Leive befanden sich an Bord der „Atair“, einem Wracksuchschiff des Bundesamtes für Seeschifffahrt und Hydrographie BSH in Hamburg. Das Landesamt für Denkmalpflege Schleswig-Holstein begleitete die Untersuchung. Mit einem Sediment-Echolot fuhren die Wissenschaftler die in Frage kommenden Koordinaten ab. Da die Arbeitsbreite des Geräts gering war, musste das Schiff viele enge Bahnen und Schleifen ziehen. Die zurückgeworfenen Schallwellen des Echolots ließen vermuten, dass sich hier mehrere Objekte im Elbsand befanden. Weitere Untersuchungen sollten zu einem späteren Zeitpunkt erfolgen.

Mitte Juni 2010, nach mehr als zwanzig Recherchejahren, waren Karig und Leive erneut in der Elbmündung unterwegs, diesmal auf der Ludwig Prandtl, einem Küstenforschungsschiff des GKSS-Forschungszentrums Geesthacht. In Zusammenarbeit mit dem Archäologischen Landesamt Schleswig-Holstein, dem Natureum Niederelbe in Balje und dem Wrackmuseum Cuxhaven suchten die Experten auf der Prandtl nach der Gottfried und ihrer Ladung.

Zum Einsatz kamen ein Sedimentecholot und ein Seitensichtsonar. Das Sedimentecholot ist ein Mehrfrequenzgerät, das in der Regel zwei Frequenzen parallel nutzt, um die Gewässersohle und den Gewässerboden aufzunehmen. Das Seitensichtsonar strahlt Schallimpulse aus, die unterschiedlich stark zurückgeworfen werden. Die generierten Daten lassen am Computer ein vollständiges Bild des Meeresbodens entstehen, liefern zusätzliche Informationen über Boden- und Sedimentschichtung und geben Auskunft über Lage und Ausdehnung von Unterwasserhindernissen.

Zunächst führten die Wissenschaftler Kalibrierungsmessungen im Elbefahrwasser an den Positionen von zwei Wracks durch: dem Frachtschiff Black Prince, gesunken ebenfalls in der Sturmnacht vom 11. auf den 12. März 1822, und dem dänischen Eisenerzfrachter Normandiet, gesunken Silvester 1942. Danach suchten sie im Gebiet Großer Vogelsand-Gelbsand mit Zehnerloch und Klotzenloch eine Fläche von mehr als einem Quadratkilometer ab. Zur Verifizierung der geologischen Stabilität führten die Experten bei Niedrigwasser eine Begehung der Gelbsand-Sandbank durch.

Forschungsschiff „Ludwig Prandtl" © Hereon / Christian Schmid

Die von Seitensicht-Sonar und Sediment-Echolot generierten Daten ergaben dann auch mehrere auffällige Anomalien auf und im Sediment. Doch eine Interpretation der Datenlage ohne der Überprüfung durch Videokamera, Taucher oder Beprobung, dem „Ground Truthing", gilt als unseriös. Denn nicht selten können Anomalien natürliche Sedimentstrukturen zur Grundlage haben. Die Stellen mussten also zu einem späteren Zeitpunkt genauer unter die Lupe genommen werden.

Dieser Zeitpunkt war neun Monate später, Ende Mai 2011, gekommen. Erneut stach die Ludwig Prandtl zu einem Bergungsversuch in See. Offizieller Auftrag: das Auffinden und Bestimmen der 2010 festgestellten Anomalien im Bereich Zehnerloch/Gelbsand bei Niedrigwasser. Die Prandtl ankerte

im nahegelegenen Klotzenloch. Zwei kleinere Boote kamen zum Einsatz. Das Arbeitsboot „Onkel Herbert" ankerte mit Mitarbeitern des Archäologischen Landesamtes Schleswig-Holstein auf der Suchposition. Sobald der Wasserstand das Waten zuließ, tasteten die Archäologen das Umfeld mit Stechsonden ab. Doch nirgendwo konnten Festkörper aus Kalkstein lokalisiert werden, dafür aber „extrem verfestigte Sandschichten". Nach einigen hundert Sondenprüfungen zeichnete sich ab: An den Positionen befinden sich definitiv keine Festkörper aus Holz oder Stein im Untergrund. Das ernüchternde Ergebnis: Die ein knappes Jahr zuvor erfassten Anomalien zeigten mit hoher Wahrscheinlichkeit natürlich entstandene, geologische Strukturen. Ein Zusammenhang mit der gesuchten Ladung der Gottfried konnte mit diesen Untersuchungen nicht hergestellt werden.

Es gibt ein weiteres Problem bei der Suche nach der Gottfried-Fracht: die unmittelbaren Auswirkungen der Elbvertiefung, einem der längsten und komplexesten Verkehrsprojekte in der deutschen Geschichte. Nicht die eigentliche Vertiefung der Fahrrinne bereitet den Wissenschaftlern Sorge, sondern wohin die Millionen Kubikmeter Steine, Sand und Schlick verklappt werden, die schwere Geräte aus der Elbe baggern und saugen. Etwa in die nahegelegene Medemrinne. Das verändert die Strömungsdynamik des Flusses und damit die Lage der Sandbänke nachhaltig. Die Artefakte werden durch weitere Schlickmassen überlagert, eine Ortung noch wesentlich schwieriger.

Nach drei Jahrzehnten Forschung bleiben die Wissenschaftler weiter am Ball. Im Fokus ihres Interesses steht nach wie vor ein echter Kaventsmann: der riesige Steinsarkophag.

Ihn sehen Karig und Leive als eine Art Unterwasser-Boje an. Wegen seines Gewichtes wird er auch heute nach 200 Jahren noch genau an der Stelle liegen, wo er sich bei der Havarie aus der Gottfried selbst hinaustorpediert hat. Karig hat seine Aufzeichnungen inzwischen einem Experten des Ägyptischen Museums in Berlin übergeben, der das Projekt weiterverfolgt. Falls eine genaue Ortung und vielleicht Bergung irgendwann möglich sein sollten, hat das Museum allerdings keinerlei Ansprüche auf die gefundenen Objekte.

Die ewige Cachette in der Elbmündung

Museen außerhalb Ägyptens beherbergen eine weit größere Anzahl altägyptischer Kulturgüter als Sammlungen im Herkunftsland selbst. Dieses Resümee, nach dem jahrhundertelangen Ausverkauf des kulturellen Erbes Ägyptens, stimmt nachdenklich. Der internationale Wettlauf um die bestbestückten Museen der Welt hat die Frage zur Nebensache werden lassen, ob die Ausfuhr, wenn legal, denn auch legitim war?

Raubgräberei ist so alt wie das Land selbst, der zweitälteste Beruf in Ägypten, seitdem die Könige auf die Idee kamen, sich in opulenten Gräbern bestatten zu lassen. Deshalb auch die ausgeklügelten Gangsysteme in manch einer Pyramide, um ungebetene Gäste fernzuhalten. Die Plünderer rekrutierten sich nicht selten aus dem Kreis jener Handwerker, die die letzten Ruhestätten errichtet hatten und die deshalb über Insiderwissen verfügten – im wahrsten Sinne des Wortes. Arbeiter, die ihren versprochenen Lohn nicht bekamen, hielten sich durch Plünderungen schadlos. Grabräuber wurden wie Schwerverbrecher behandelt, denen harte Strafen drohten. Das belegen zeitgenössische Aufzeichnungen. Sogar Todesurteile waren möglich.

Bereits im ägyptischen Altertum war es keine Seltenheit, dass Mumien aus Gräbern entfernt und in Grüften versteckt wurden: Umbettungen aus Königsgräbern, um die Mumien vor Plünderern zu schützen, staatlich organisiert. Ein solches Depot wurde 1871 enttarnt. Die Schatzhöhle der Abd el-Rassuls war einer der spektakulärsten neuzeitlichen Funde eines Pharaonengrabs. Ahmed Abd el-Rassul war bei Luxor auf der Suche nach einer seiner Ziegen auf eine Felsspalte gestoßen:

der Eingang zu einer Grabesgruft. Rund 40 Mumien und 6.000 andere Fundstücke waren hier eingelagert. Die Cachette von Deir el-Bahari, das Versteck von Deir el-Bahari, war aufgeflogen. Für Rassul und seine Familie eine Einnahmequelle, die ihren Lebensunterhalt für Jahre sichern sollte. Knapp zehn Jahre schwelgten sie in immer größerem Reichtum, dann kam ihnen der Direktor des ägyptischen Antikendienstes, Gaston Maspero, auf die Schliche. Am 4. April 1880 wurde Ahmed verhaftet, es dauerte allerdings noch weitere knapp drei Monate, bis einer der Brüder sein Gewissen erleichterte und die Delegation des Museums zum Versteck führte.

Der Krimi um die Büste der Nofretete veranschaulicht, mit welchen harten Bandagen damals gekämpft wurde. Zum Zeitpunkt von Borchardts Grabungen in Amarna 1912 war Ägypten, wie zu Beginn bereits erwähnt, unter britischer Besatzung und der damalige ägyptische Antikendienst unter französischer Obhut. Die Fundteilung dieser Kampagne fand am 20. Januar 1913 gemäß den damals geltenden Bestimmungen zu gleichen Teilen für Ägypten und das die Ausgrabung durchführende Land, also das Deutsche Reich, statt. Für diese Regelung hatten sich die Protektoratsmacht England und die Franzosen, denen die Antikenverwaltung unterstand, entschieden. Der Bau des Suez-Kanals hatte dabei wie ein Brandbeschleuniger gewirkt. Ägypten als Provinz des Osmanischen Reichs verschuldete sich dermaßen, dass Frankreich und England 1878 die Verwaltung formal übernahmen: England die Finanzverwaltung, Frankreich die Infrastruktur.

Borchardt hatte zwei Partien für die Fundteilung zusammengestellt, was bis zum Kriegsausbruch 1914 das Vorrecht des Ausgräbers war. Gaston Maspero beauftragte seinen

Mitarbeiter Gustave Lefebvre mit der Regelung. Die eine Partie enthielt unter anderem die Büste der Nofretete, die zweite, für den sich Lefebvre schließlich für das Ägyptische Museum in Kairo entschied, ein Altarbild, das das Königspaar Echnaton und Nofretete mit drei seiner Kinder zeigte. Archäologische Fundteilungen in jenen Tagen hatten stets etwas von einem Kuhhandel an sich, alle Tricks waren erlaubt. 1913 erhielt der Finanzier der Grabung James Simon die Ausfuhrgenehmigung für die Büste von Ägypten nach Deutschland. 1920 schenkte Simon die Büste dem Ägyptischen Museum in Berlin. Die erste Rückgabeforderung Ägyptens im Tausch mit anderen Kunstwerken erfolgte prompt nach der ersten öffentlichen Ausstellung im Neuen Museum 1924. Simon beschlichen zunehmend Zweifel, ob es denn auch legitim gewesen war, die Nofretete außer Landes zu bringen. Er setzte sich für die bei der Schenkung besprochene Tausch-Option ein, doch die Politik entschied anders.

Der Handel mit Raubkunst ist kein historisches Phänomen. Er hat die Zeiten überdauert, weil er so lukrativ ist. Banden graben weiterhin systematisch und entwenden noch nicht verzeichnete Funde aus Lagern. Die instabile politische Situation im heutigen Ägypten ist dafür mitverantwortlich. Während der Unruhen im Zuge der ägyptischen Revolution verschwanden Altertümer aus dem Ägyptischen Museum in Kairo. Menschenketten und Bürgerwehren stellten sich den Dieben und Plünderern in den Weg. Das lässt ahnen, welchen Wert das ägyptische Volk mittlerweile auf seine Altertümer legt. Seit 2018 kann illegaler Handel mit lebenslanger Haft bestraft werden. Doch werden auch heute noch wertvolle Stücke außer Landes geschafft. Auf dem internationalen Markt wird

Raubkunst für Unsummen gehandelt. Nach Schätzungen der UNESCO und des FBI werden jedes Jahr mehrere Milliarden Euro mit Diebesgut aus Raubgrabungen, Einbrüchen und Plünderungen umgesetzt. Das Geschäft mit gestohlenen Antiquitäten gilt neben dem Waffen- und Drogenhandel als eine der wichtigsten Finanzierungsquellen terroristischer Organisationen. Das Metropolitan Museum of Art in New York gab 2019 einen Goldsarkophag an Ägypten zurück, den Diebe aus einem ägyptischen Museum gestohlen und anschließend für 3,5 Millionen Euro an das Museum verkauft hatten.

Herkunftsnachweise sind ein wichtiges Instrument, die Zahl der illegalen Verkäufe zu verringern, verhindern können sie sie nicht. Altertümer wechseln den Besitzer auch mit gefälschten Papieren oder ganz ohne. Zwar sind die Händler verpflichtet, beim Verkauf die Herkunft des Objekts anzugeben, doch wird oft behauptet, das Artefakt gehöre seit Jahrzehnten zu einer historischen Privatsammlung.

Ein UNESCO-Bericht stellte 2016 fest, dass sogar im Handel über renommierte Auktionshäuser oft eine genaue Dokumentation über die Herkunft der Objekte fehlte.

Die Ladung der Gottfried ist seit 200 Jahren in der Elbmündung verschollen. Sollte sie geborgen werden, wer könnte Ansprüche geltend machen? 2001 verabschiedete die UNESCO-Generalkonferenz eine Konvention zum Schutz des Kulturerbes unter Wasser, die 2009 in Kraft trat. Das Übereinkommen untersagt jeglichen Handel mit Artefakten von Schiffswracks, die älter als 100 Jahre sind. Es will damit der Plünderung des Kulturerbes in den Weltmeeren entgegentreten.

In Deutschland ist die Erhaltung von Kulturgut in erster Linie Sache der jeweiligen Bundesländer. Das Schatzregal ist die rechtliche Regelung, das einen entdeckten Schatz zum Eigentum des Staates macht.

Würden also die altägyptischen Artefakte an der vermuteten Stelle auf der rechten zu Schleswig-Holstein gehörenden Elbseite gefunden und geborgen werden, dann würde das Denkmalschutzgesetz dieses Bundeslandes greifen: „Bewegliche Kulturdenkmale, die herrenlos sind (…) oder die so lange verborgen gewesen sind, dass ihre Eigentümer nicht mehr zu ermitteln sind, (…) werden mit der Entdeckung Eigentum des Landes, wenn sie…einen hervorragenden wissenschaftlichen Wert besitzen.“

Weitergedacht könnte das heißen: Da Schleswig-Holstein kein eigenes Ägyptisches Museum besitzt, könnte Kiel die Kunstwerke als Leihgaben etwa an das Ägyptische Museum in Berlin weiterreichen, das dann wiederum die Restaurierung und wissenschaftliche Erschließung der Funde übernehmen könnte. Der Kreis würde sich schließen.

Doch nicht wenige hoffen, dass der Minutoli-Schatz nie wiederentdeckt wird und so zu einer ewigen Cachette in der Elbmündung wird.

Das Vermächtnis Minutolis

Nachdem Heinrich Menu von Minutoli Ende 1826 endgültig nach Berlin zurückgekehrt war, verbrachte er 20 weitere Jahre in der preußischen Hauptstadt und verfasste Bücher und Artikel über Altertums-, Geschichts-, Wirtschafts- und Militärthemen. Wolfardine machte sich als angesagte Gesellschafterin unentbehrlich. Zu einem Maskenball Ende Februar 1827 im Schloss Monbijou trug sie im Kostüm einer ägyptischen Wahrsagerin Huldigungsgedichte an die Adresse von Kronprinzessin Elisabeth von Preußen und den Herzog Carl von Mecklenburg-Strelitz, den Halbbruder von Königin Luise, vor. Sammeln blieb Minutolis Passion. Wiederholt unternahm er, in offizieller, aber auch in privater Mission, Reisen nach Italien und Frankreich, um Antikenkäufe sowohl für die königlichen Museen als auch für seine immer größer werdende private Kunstsammlung zu tätigen.

Am 16. September 1846 starb Minutoli im Alter von 74 Jahren in Berlin. Im Rang eines preußischen Generalleutnants wurde er auf dem Alten Garnisonfriedhof am 20. September beigesetzt. Nach Auflassung der Grabstelle 20 Jahre später wurden seine sterblichen Überreste auf den Friedhof in der Nähe von Schloss Friedersdorf am Queis verbracht, wo Nachkommen Minutolis lebten.

Minutolis Lebenstragik bestand darin, dass er zuweilen seiner Zeit voraus war: ein Vorreiter, den die aktuelle Entwicklung irgendwann einholte und schließlich überrannte.

Dr. Jan Moje vom Ägyptischen Museum in Berlin arbeitet, gemeinsam mit Kolleginnen und Kollegen, an einem Forschungsprojekt über die Zeit von Konrad Levezow, also die

Frühgeschichte des Hauses. Seine Bewertung der Sammlung Minutoli fällt eindeutig aus:

„Vom qualitativen Aspekt her ist es eine äußerst bedeutende Sammlung, sehr vielseitig und mit Objekten aus unterschiedlichsten Objektgruppen. Es darf dabei nicht vergessen werden, dass die Objekte Minutolis vielfach die ersten ihrer Art waren, die überhaupt nach Berlin gekommen sind (z.B. die hölzerne Leier), man also hier erstmals Objekte aus Ägypten vor sich hatte, die man in Berlin nie zuvor gesehen hatte. Letztlich hätte man daraus viele erste Informationen über das Alte Ägypten ableiten können. Das geschah aber damals nicht. Denn es gab noch gar keine "Ägyptologen" in Berlin, geschweige denn sonst jemanden, der tiefergehende Ahnung vom Alten Ägypten gehabt haben konnte (außer einem gewissen Grundverständnis bei Levezow). Daher konnte damals noch niemand "ägyptologisch" diese Sammlung auswerten, und später, als dies vom Wissensstand möglich gewesen wäre, war die Minutoli-Sammlung nur noch eine von diversen Ägyptensammlungen in Berlin und somit keine wirkliche Besonderheit mehr. Heute wissen wir natürlich, dass mit dieser Sammlung die Begründung einer eigenständigen Ägyptensammlung begann.“

Heinrich Menu von Minutoli war ein Generalist, der imstande war, durch sein über die Jahre angehäuftes Wissen über den eigenen Tellerrand zu blicken. Als Autodidakt ohne wissenschaftliche Ausbildung blieb an ihm jedoch stets das Etikett des Laien, des Außenseiters im Wissenschaftsbetrieb, kleben, zuweilen belächelt in intellektuellen Kreisen. Als Protegé

148

des Königs profitierte Minutoli von der royalen Nähe. So hielt am 16. November 1822 Archäologie-Professor Hirt zum 25. Jubiläum des Regierungsantritts von Friedrich Wilhelm III. einen Festvortrag „Zur Würdigung der neuesten von dem General Freiherrn von Minutoli eingebrachten Sammlung ägyptischer Altertümer". Minutoli hätte die gekauften Objekte mit viel Kunstverstand und Gespür für wissenschaftlich wertvolle Altertümer ausgesucht. Anderseits hatte Hirt ein knappes Jahr zuvor in einem privaten Brief entlarvend geschrieben:

„Der General von Minutoli ist gutmütig und eifrig. Aber seine Kenntnisse sind in solchen Dingen noch wenig ausgebildet. Und dann braucht er längere Zeit, um die Italiener im Kunsthandel näher kennenzulernen."

Minutoli erhöhte die Wertigkeit seiner zahlreichen archäologischen Publikationen, indem er sie oftmals mit eigenhändigen Zeichnungen von antiken Objekten versah. Seine alt- und neusprachlichen Kenntnisse befähigten ihn, sich kritisch mit der archäologischen Fachliteratur auseinanderzusetzen. Er war kein Schreibtischarchäologe, sondern ein Mann der Praxis mit einem hohen Potential an wissenschaftlicher Neugierde und Tatendrang. Minutoli selbst bezeichnete sich bescheiden als „Layen", dann wieder mit einer Prise Understatement als einen „gelehrten Dilettanten". Damit kokettierte er – ein weiteres Mal - mit dem Status des Adligen, der sich aus reiner Liebhaberei mit einer Kunst oder Wissenschaft beschäftigte und damit nicht seinen Lebensunterhalt bestreiten musste.

Minutoli kritisierte unprofessionelle Archäologie. Als einer der ersten setzte er sich dafür ein, dass Fundstätten nicht zerstört werden, Kunstschätze im Land verbleiben. Ihm ging es um die wissenschaftliche Erforschung von Altertümern, er verurteilte die hemmungslose Schatzgräberei und rücksichtslose Zerstörung von Tempeln und Gräbern. Er betonte die Notwendigkeit der Konservierung von antiken Denkmälern sowie die Beachtung von archäologischen Fundzusammenhängen:

„Jetzt aber droht diesen ehrwürdigen Denkmälern ein gänzlicher Untergang, indem jeder Reisende sich einzelner Stücke, die ihm besonders wohlgefallen, zu bemächtigen sucht...allein man bedient sich beim Losbrechen der ausgewählten Reliefs und Malereien sich meistens untauglicher Werkzeuge, vernichtet eine ganze Wand, um eine einzelne Figur zu erhalten, und da der Stein gewöhnlich sehr spröde ist, so zerspringt nicht selten auch das gewünschte Fragment. Außerdem wird durch dieses Zerstückeln der Zusammenhang zerstört und das entführte Stück ebenso unverständlich, als die zurückgebliebenen Reste. Ich fand in den meisten Katakomben schreckliche Spuren dieser Verwüstung (...) Das Schlimmste aber ist, dass jetzt die Araber, durch die unklugen Aufforderungen der Reisenden verführt, von einer wahren Wut ergriffen sind, sich aller merkwürdigen Stücke zu bemächtigen, um sie an die Fremden zu verhandeln. Ohne Geschmack und Wahl zerstören sie, des Gewinns wegen, was ihnen vorkommt. Sie forschen überall nach neuen Grotten, die dann sogleich

ihrer Darstellungen beraubt und zertrümmert werden, so
dass die Belehrung, die man aus den vollständigen Bild-
werken schöpfen könnte, unwiederbringlich verloren geht".

An anderer Stelle schreibt Minutoli deprimiert:

„Alle Mumien, die den Arabern in die Hände fallen, werden wenigstens ihres äußeren Gewandes beraubt, um sich
der etwa darin enthaltenen Kostbarkeiten, Arm- und Fuß-
spangen, Ringe, Idole und Papyrusrollen zu bemächtigen. Man bemüht sich umsonst, diese Menschen zu überzeugen, dass nicht der Metallwert der gefundenen Gegenstände die Europäer nach dem Besitz derselben so lüstern
macht; je größere Summen man ihnen bietet, je gewisser
glauben sie betrogen zu werden. Wie unermesslich die
Zerstörung sey, lässt sich daraus abnehmen, dass mir
während meiner Anwesenheit in Theben sechs Kamella-
dungen zerbrochener Mumienkästen als Brennholz zuge-
führt wurden. Selbst bei den Papyrusrollen haben die
Araber schon Betrügereien auszuüben gelernt. Sie zer-
schneiden die gefundenen Rollen der Länge oder der
Breite nach in mehrere Teile, tauchen die Enden in zer-
lassenes Mumienharz und hintergehen auf diese Art un-
kundige oder unaufmerksame Reisende."

Das Ägyptische Museum in Berlin hat die frühe Samm-
lungsgeschichte des Hauses für sich als Thema entdeckt. So
arbeiten drei Wissenschaftler im Frühjahr 2022 an verschiedenen Publikationen. Ein Forschungsprojekt beschäftigt sich,

wie bereits erwähnt, mit der Zeit Levezows und seinen umfangreichen altägyptischen Katalogisierungen. Seine Wertschätzung gegenüber Minutoli bringt das Museum in der Ausstellung, aber auch in Publikationen, analog und digital, zum Ausdruck.

Im Raum 111, dem Mythologischen Saal, stößt der Besucher an zentraler Stelle auf das Ölgemälde „General-Lieutnant Minutoli in der Oase Siwah" von 1823, allerdings ohne weitere Informationen zur Person Minutoli und seiner Sammlung. Auf den Beschriftungsschildern verzichtet das Museum bewusst auf Angaben zur Provenienz, wie die Direktorin Dr. Friederike Seyfried erklärt: „Da in den vergangenen Jahren innerhalb der Staatlichen Museum in Eigenreflektion die großen Unterschiede in der Art der Angaben auf den Beschriftungsschildern der verschiedenen Sammlungen festgestellt wurden, wird derzeit an einem übergreifenden Format gearbeitet, um alle wichtigen Informationen – und dazu werden dann auch Provenienzangaben zählen – adäquat auf den Labeln zu vereinen." Über die auf den Labeln befindlichen Inventarnummern können schon heute zahlreiche Objekte in der Online-Datenbank recherchiert werden.

Der offizielle Blog der Staatlichen Museen zu Berlin würdigt Minutoli auf besondere Weise: „Die Berliner Museen verdanken Minutolis Sammelleidenschaft den Grundstein der Ägyptischen Sammlung…Seine Liebe zum Altertum und die qualitätsvollen Stücke von seiner Ägypten-Expedition machten Heinrich Menu von Minutoli zu einem wahren Gründervater des Neuen Museums…Sein Geist lebt bis heute in ihm fort."

Minutoli gehört gewiss in eine Reihe bedeutender Forschungsreisender und Altertumswissenschaftler. Doch die zuweilen unbarmherzige Geschichte hat ihn nahezu vergessen. Zwar taufte der Afrikaforscher Gerhard Rohlfs 1874 Minutoli zu Ehren einen Berg in der Nähe der Oase Siwa auf den Namen „Minutoli-Berg". Ausstellungen mit unterschiedlichen Themenschwerpunkten brachten Minutoli und sein Lebenswerk immer wieder in Erinnerung: eine Sonderschau des Ägyptischen Museums Berlin in Charlottenburg im Herbst 1996 zum 150. Todestag von Minutoli; eine Ausstellung in der Kleinen Rathausgalerie in Greifswald im Herbst 2011; eine Präsentation im Natureum Niederelbe in Balje im Frühjahr 2010; zuletzt, bis Januar 2022, eine weitere Sonderausstellung im Wrackmuseum Cuxhaven mit der Nachbildung eines von Minutoli in Djosers Stufenpyramide in Sakkara entdeckten vergoldeten Mumienkopfes.

In Minutolis Heimatstadt Berlin stellte der Verein zur Förderung des Ägyptischen Museums am 12. Mai 1996 auf dem Alten Garnisonfriedhof ein Ehrengrabstein für ihn auf.

Doch ansonsten erinnert in der ehemaligen preußischen Hauptstadt nichts an den Mann, dem die Stadt der Wissenschaft doch so viel zu verdanken hat.

*Restitutionsstein „Heinrich von Minutoli, Generalleutnant, Ägyptenfor-
scher, Förderer der Königlichen Museen", Alter Garnisonfriedhof Berlin
© Johannes Westerkamp*

Zeittafel Heinrich Menu von Minutoli

12.05.1772	Geburt in Genf
Oktober 1782	Gymnasium illustre, Karlsruhe
1784	Beginn militärische Ausbildung
Juli 1786	Bombardier im Feldartilleriecorps
1789	Offiziersausbildung Füsilierbataillon „von Legat", Burg
29.05.1789	Beförderung zum Portepeefähnrich
17.05.1790	Beförderung zum Sekondeleutnant
21.05.1793	Verwundung Gustavsburg bei Mainz
Januar 1794	Entlassung aus aktivem Felddienst
21.01.1794	Versetzung an das adlige Cadettenkorps in Berlin
04.04.1794	Reise Frankfurt-Berlin
April 1794	Ausbilder adliges Cadettenkorps, ab 1797 Leiter
02.07.1801	Gründung Militärische Gesellschaft
30.08.1801	Hochzeit mit Charlotte von Woldeck
14.12.1810	Erzieher/Governeur Carl Prinz von Preußen
08.02.1812	Beförderung zum Oberstleutnant
24.08.1812	Charlotte reicht Scheidung ein
31.05.1815	Beförderung zum Generalmajor
18.01.1818	Verleihung Roter-Adler-Orden II. Klasse mit Eichenlaub
21.03.1820	Entbindung als Prinzenerzieher
07.04.1820	zweijähriger Sonderurlaub von der Truppe

05.05.1820	Mitglied Königlich-Preußischer St. Johanniter-Orden
05.05. 1820	Ehrenmitglied Preußische Akademie der Wissenschaften
07.05.1820	königliche Erlaubnis, Adelstitel tragen zu dürfen
23.05.1820	Abreise Berlin Richtung Triest
03.08.1820	Hochzeit mit Wolfardine von der Schulenburg in Triest
17.08.1820	Abreise Triest
07.09.1820	Ankunft Alexandria
10.09.1820	Treffen Ali Pascha
05.10.1820	Start Karawanenzug nach Westen Richtung Kyrene
22.10.1820	neues Ziel: Richtung Süden zur Oase Siwa
07.11.1820	Oase Siwa
30.11.1820	Ankunft Kairo
19.12.1820	Nilfahrt nach Oberägypten
20.12.1820	erster Besuch Nekropole Sakkara
19.01.1821	Entdeckung von 55 Papyri in Theben
März 1821	zweiter Besuch Sakkara: Öffnung der Stufenpyramide
Mai 1821	Entscheidung für Abbruch der Expedition
17.07.1821	Abreise Alexandria
26.08.1821	Ankunft Triest, Quarantäne
Herbst 1821	Aufteilung der Fracht für Land- und Seeweg
November 1821	Landtransport nach Berlin

10.12.1821	Abfahrt "Gottfried" Richtung Hamburg
11./12.03.1822	Untergang des Schiffes in Jahrhundertsturm
12.05.1822	50. Geburtstag Minutoli
30.08.1822	Minutoli kehrt nach Berlin zurück
04.09.1822	Versteigerung Strandgut Johannes Noodt, Hamburg
Oktober 1822	Sammlung Minutoli im Schloss Monbijou
April 1823	Gutachten Levezow, Hirt zur Sammlung Minutoli
22.05.1823	Ankauf Sammlung Minutoli für 22.000 Goldmark
07.07.1823	königliche Erlaubnis, in die Schweiz zu ziehen
Herbst 1823	Gemälde „General-Leutnant von Minutoli in der Oase Siwha"
1824	Veröffentlichung Reisebericht
11.07.1825	königliche Erlaubnis für weiteres Jahr in der Schweiz
1826-29	Wolfardine veröffentlicht Reiseerinnerungen, mehrsprachig
Ende 1826	Rückkehr aus der Schweiz nach Berlin
1833	Ehrenmitglied Preußischen Akademie der Künste Berlin
18. 01. 1834	Verleihung des Sterns zum Roten Adlerorden
1834	Italien-Reise
1840	Umzug Friedrichstraße 103

1844	Umzug Behrenstraße 59
02.12.1845	Roter-Adlerorden erster Klasse
16.09.1846	Heinrich Menu von Minutoli stirbt in Berlin mit 74 Jahren

Literatur

Althoff, Johannes: Das Ägyptische Museum, Berlin 1998.

Amalthea oder Museum der Kunstmythologie und bildlichen Alterthumskunde, Karl August Böttiger (Hg.), Band 3 (1825), S. 221.

„Aufstand gegen den Tod": Spiegel 52/1995, S. 154-165.

Billand, Matthias: „Juristisch ist der Fall „Nofretete" entschieden": Die WELT, 5.12.2012.

Boots-Kaat, Jetty: „Die Ägyptenreisende Wolfardine v. Minutoli": Kemet. Die Zeitschrift für Ägyptenfreunde, Jahrgang 11, Heft 3, (2002), S. 74-76.

Bratranek, F.T. (Hg.): Goethe`s Naturwissenschaftliche Correspondenz (1812–1832), Leipzig 1874.

Bürk, D./M. Heineke/P. Hümbs/J. Lowag/B. Peters/W. Sombrowski: Ergebnisbericht elbe10_1 - Suche nach der Gottfried, GKSS-Forschungszentrum Geesthacht GmbH, Institut für Küstenforschung, Innomar GmbH - Rostock, Kongsberg Maritime GmbH - Hamburg (Hg.), Geesthacht 2010.

Chronik des Hamburger See-Assekuranz-Geschäftes im Jahr 1824, Hamburg 1825.

Costa, Heinrich von: Der Freihafen von Triest, Österreichs Hauptstapelplatz für den überseeischen Welthandel, Wien 1838.

Danneil, Johann Friedrich: Das Geschlecht von der von Schulenburg, Salzwedel 1847.

Das Stammbuch Friedrich von Matthissons, Göttingen 2007.

Dawson, Warren R./Eric P. Uphill: Wer war wer in der Ägyptologie? London 1972.

Die Geschichte des Ägyptischen Museums Berlin, Film Oculus Film Hubert Schäfer Berlin (See Art TV).

Fagan, Brian: The Rape of the Nile: Tomb Robbers, Tourists, and Archaeologists in Egypt, Boulder 1992.

Fontane, Theodor: Wanderungen durch die Mark Brandenburg. Teil IV: Spreeland, Berlin 1923.

Franz, Angelika: „Bis in alle Ewigkeit": Spiegel Geschichte 2/2020, S. 84-91.

Frepoli, Luca: „Ali Pascha: Osmanische Provinz Ägypten – Antikengesetz", in: Translocations. Anthologie: Eine Sammlung kommentierter Quellentexte zu Kulturverlagerungen seit der Antike, 19.10.2018.

Friedl Reinhold: Tödliche Schriftrollen vom Nil, Oldenburg 2012.

Geisterschiff im Wattenmeer, Film von Robert Schotter und Friedrich Steinhardt, Mainz 2012.

Germer, Renate: Mumien, Düsseldorf 2005.

Graichen, Gisela: „Das Geheimnis der Mumien aus der Elbe": Hamburger Abendblatt, 6.12.2003.

–/Hans Helmut Hillrichs: C14. Vorstoß in die Vergangenheit. Archäologische Entdeckungen in Deutschland, München 1992.

GStA PK (Geheimes Staatsarchiv Preußischer Kulturbesitz), VI. HA Familienarchive und Nachlässe, Nl Minutoli, Heinrich von, Nr. 1.

Hamberger, Georg Christoph/Johann Georg Meusel: Das gelehrte Teutschland oder Lexikon der jetzt lebenden teutschen Schriftsteller, Band 14, Lemgo 1810.

Hanus, Christina: „Freiherr von Minutoli – Ägyptenforscher der ersten Stunde“: Blog der Staatlichen Museen zu Berlin, Berlin 2016.

Hemprich, Wilhelm Friedrich/Christian Gottfried Ehrenberg: Naturgeschichtliche Reisen durch Nord-Afrika und West-Asien in den Jahren 1820 bis 1825. Erster Band: Reisen in Ägypten, Libyen, Nubien und Dongola, Berlin, Posen und Bromberg 1928.

Hernández, Diaz: „Ulrich Jasper Seetzens Forschungsreise in Ägypten“, in: Detlef Haberland: Ulrich Jasper Seetzen (1767 – 1811). Jeveraner – aufgeklärter Unternehmer – wissenschaftlicher Orientreisender, Oldenburg 2014.

Karig, Joachim S.: Ägyptische Mumien in der Elbe. Die Suche nach der Gottfried, in: „Zeitreisen unter Wasser“, Florian Huber (Hg.), Darmstadt 2021, S. 144-151.

–/Dorothea Minkels: Heinrich Menu von Minutoli und seine herausragende Familie, Norderstedt 2019.

–/Hannelore Kischkewitz: „Ein ungebautes Ägyptisches Museum für Berlin“: Jahrbuch der Berliner Museen, Bd. 34 (1992), S. 83-103.

–/Rainer Leive: „Auf der Suche nach der „Gottfried“ und der Sammlung Minutoli“: Jahrbuch Preußischer Kulturbesitz, Band 30 (1993), S. 133–153.

Kiel, Uwe: „Schiffbruch in der Elbmündung oder Die höchst bemerkenswerte Reise der Greifswalder Hukergaleasse „Gottfried“ in die Kulturgeschichte“: Pommern. Zeitschrift für Kultur und Geschichte 47/4 (2009), S. 21–25.

Krünitz, Johann Georg: Oekonomisch-technologische Encyklopädie, Band 179: T-Tanz, Berlin 1842.

Lange, Ludwig: Original-Ansichten der historisch merkwürdigsten Städte in Deutschland, Darmstadt 1840.

Lauer, Jean-Philippe: Das Geheimnis der Pyramiden, Wien 1990.

Leive, Rainer: „Der Untergang des Seglers Gottfried": Niederelbe Zeitung, 4.11.2012.

–: „Reisewege zweier Mumien": Archivnachrichten aus Hessen, Hessisches Landesarchiv (Hg.), Nr. 15, 1/2015 S. 42-47.

Lesky, Erna: „Die österreichische Pestfront an der k. k. Militärgrenze": Saeculum 8 (1957), S. 82-106.

Lutz, Markus: Vollständige Beschreibung des Schweizerlandes, Aarau 1827.

Manley, Deborah/Peta Ree: Henry Salt: Artist, Traveller, Diplomat, Egyptologist, London 2001.

Messling, Guido: „Die ägyptische Abteilung im Neuen Museum zu Berlin – Vorgeschichte, Konzeption und Umsetzung": Jahrbuch der Berliner Museen, Bd. 39 (1997), S. 71-98.

Minkels, Margret Dorothea: 1848 gezeichnet: der Berliner Polizeipräsident Julius von Minutoli, Norderstedt 2003.

– : Die Stifter des Neuen Museums Friedrich Wilhelm IV. von Preussen und Elisabeth von Baiern, Norderstedt 2011.

Minutoli, Heinrich Freiherr von: Reise zum Tempel des Jupiter Ammon in der Libyschen Wüste und nach Ober-Aegypten in den Jahren 1820 und 1821, Berlin 1824.

–: Nachträge zu meinem Werke, betitelt: Reise zum Tempel des Jupiter Ammon in der Libyschen Wüste und nach Ober-Aegypten in den Jahren 1820 und 1821, Berlin 1827.

–: Beitrag zur vaterländischen deutschen Alterthumskunde, in: Jahrbücher der preußischen Monarchie, Bd. 3, Decemberstück 1801, S. 303-308.

–: Beiträge zu einer künftigen Biographie Friedrich Wilhelms III., Berlin 1843.

–: Militairische Erinnerungen aus dem Tagebuch des Generallieutenants von Minutoli, Berlin 1845.

–: Über die Anfertigung und Nutzanwendung der farbigen Gläser bei den Alten, Berlin 1836.

–: Friedrich und Napoleon. Versuch einer historischen Parallele zur Feier des 31. Mai 1840, Berlin 1840.

Minutoli, Wolfardine Auguste Luise von: Reise der Frau Generalin von Minutoli nach Egypten, Wilhelmine von Gersdorf (Hg.), Leipzig 1829.

Motschmann, Uta (Hg.): Handbuch der Berliner Vereine und Gesellschaften 1786–1815, Berlin/Boston 2015.

„Mumien im Museum August Kestner – Mister X wahrt sein Geheimnis“: Hannoversche Allgemeine, 29.9.2009.

Nehls, Harry: „Anmerkungen zur Sonderausstellung „Eine artige Sammlung ägyptischer Antiquitäten“ im Ägyptischen Museum in Berlin-Charlottenburg“: Landesgeschichtliche Vereinigung für die Mark Brandenburg. Mitteilungsblatt 98 (1997), S. 42-44.

–: „In unverdienter Vergessenheit. Vor 150 Jahren starb der Kunst- und Altertümersammler Minutoli“: Der Tagesspiegel, 16.9.1996, S. 10.

–: „Johann Heinrich Menu von Minutoli 1772-1846. Ein Beitrag zu seiner angeblich italienischen Herkunft“: Der Herold, Vierteljahresschrift für Heraldik, Genealogie und verwandte Wissenschaften, Bd. I2, 31. Jg. 1988, H.7, S. 193-200.

–: „Späte Ehrung. Anmerkungen zum 150. Todestag von Minutoli“: Berlinische Monatsschrift (Luisenstädtischer Bildungsverein), Heft 10, 1996, S. 87 ff.

–: „Minutoli, Johann Heinrich Freiherr von": Neue Deutsche Biographie 17 (1994), S. 549-551.

–: „Der Altertumsforscher Nicolaus Johann Heinrich Benjamin Freiherr Menu von Minutoli": Staatliche Museen zu Berlin. Forschungen und Berichte, Band 31 (1991), S. 159–168.

–: „Ein römischer Paradehelm aus der Ägyptischen Sammlung des Freiherrn Menu von Minutoli im Antikenmuseum": Mitteilungen des Vereins für die Geschichte Berlins, Heft 3 (Juli 1988), S. 74-77.

–: „Dorothea Minkels: 1848 gezeichnet. Der Berliner Polizeipräsident Julius von Minutoli": Jahrbuch für Brandenburg. Landesgeschichte 56 (2005), S. 254-256.

–: „Joachim S. Karig/Dorothea Minkels: Heinrich Menu von Minutoli und seine herausragende Familie": Herold-Jahrbuch, 25. Band, (2020), S. 281-290.

–: „Pückler und Minutoli, zwei Preussen am Nil": Kemet, Jahrgang 10, Heft 3, (Juli 2001), S. 69-70.

–: „Akademiker trifft Dilettant - Hirt und Minutoli", in: Astrid Fendt, Claudia Sedlarz, Jürgen Zimmer (Hg.): Aloys Hirt in Berlin. Kulturmanagement im frühen 19. Jahrhundert, Berlin 2014, S. 257-271.

Neubert, Otto: Tut-ench-Amun. Gott in goldenen Särgen, Hamburg, Wien 1956.

Neue allgemeine geographische und statistische Ephemeriden, Geographisches Institut (Hg.), Weimar 1829.

Osten, Anton Prokesch Ritter von: Erinnerungen aus Ägypten und Kleinasien, Band 1, Wien 1829.

Platow, Heinrich: Naturwissenschaftliches Museum Hamburg-St. Pauli, Bartelstrasse 111. Katalog, zugleich Führer und Erklärer durch die reichhaltige Ausstellung präparierter

Naturseltenheiten, Mumien, Antiquitäten, Kunstwerke, sowie Ethnologische Sammlung, Nordhausen 1885.

Pommerening, Tanja: „Mumia – vom Erdwachs zum Allheilmittel", in: Alfried Wieczorek, Wilfried Rosendahl (Hg.): Mumien - der Traum vom ewigen Leben. Begleitband zur Sonderausstellung 2007, S. 193-201.

Poten, Bernhard von: „Minutoli, Johann Heinrich Freiherr von": Historische Kommission bei der Bayerischen Akademie der Wissenschaften (Hg.): Allgemeine Deutsche Biographie, Band 21 (1885), S. 771-772.

„Protokoll der sechzehnten General-Versammlung des Vereins für Nassauische Alterthumskunde und Geschichtsforschung": Annalen des Vereins für Nassauische Alterthumskunde und Geschichtsforschung, 3/1 (1839), S. 152.

„Rainer Leive und das Rätsel des Mumienschiffes" in: Arbeitsgemeinschaft Osteland (Hg.), 26.8.2016.

Rauterberg, Hanno: „Schluss mit dem falschen Frieden": Zeit online, 7.3.2018.

Rohde, Ulrich: „Gottfried: Geheimnis ist gelüftet": Niederelbe-Zeitung, 16.10.2009, S. 19.

Roman, Ines: Exotische Welten – Die Inszenierung Ägyptens in der Sonderausstellung "Kairo" der Berliner Gewerbe-Ausstellung von 1896. Hausarbeit zur Erlangung des Grades eines Magistra Artium der Philosophischen Fakultät der Westfälischen Wilhelms-Universität Münster, Münster 2010.

Ruhmann, Paul-Simon: „Aufhebung der lächerlichen Sanitaets-Anstalten? Der Pestkordon im habsburgisch-osmanischen Grenzgebiet im 18. Jahrhundert": Blog des Graduiertenkollegs, Essen 2020.

Sammet, Gerald: „Die Nordergründe: Ein Pharaonengrab": Maritime Tradition Vegesack Nautilus e.V., Nr. 11 (29. Juni 2021).

Sandmeyer, Peter: „Versicherer der Weltmeere": Die Welt, 26.5.2012.

–: „Späte Rache der Pharaonen. Archäologen und Anwälte streiten um einen ägyptischen Schatz, der vor 169 Jahren in der Elbe versank": STERN-Magazin Nr. 41, 2. 10.1991 S V/11 ff.

Schepkowski, Nina Simone: Johann Ernst Gotzkowsky. Kunstagent und Gemäldesammler im friderizianischen Berlin, Berlin 2009.

Schiff, Hajo: „Mumien in der Elbe": Die Tageszeitung (taz), 8.12.2003.

Schinz, Hans: Neujahrsblatt. Schweizerische Afrika-Reisende und der Anteil der Schweiz an der Erschliessung und Erforschung Afrikas überhaupt, Naturforschende Gesellschaft (Hg.), Zürich 1904.

Schnurr, Eva-Maria: „Die Nofretete gehört nach Ägypten. Interview mit Jürgen Zimmerer, Professor für Globalgeschichte Uni HH": Spiegel Geschichte 2/2020 „Das Alte Ägypten", S. 55.

Scholz, Johann Martin Augustin: Reise in die Gegend zwischen Alexandrien und Parätonium, die libysche Wüste, Siwa, Egypten, Palästina und Syrien, in den Jahren 1820 und 1821, Leipzig und Sorau 1822.

Schröder, Johannes von: Topographie des Herzogthums Holstein, des Fürstenthums Lübek und der freien und Hanse-Städte Hamburg und Lübek, Oldenburg 1841.

Schweizerische Afrika-Reisende und der Anteil der Schweiz an der Erschließung und Erforschung Afrikas überhaupt, Naturforschende Gesellschaft (Hg.), Neujahrsblatt, 106. Stück, Zürich 1904.

Segschneider Martin: Fahrtbericht Bergungsversuch Ladung der „Gottfried" mit FS Ludwig Prandtl, Archäologisches Landesamt Schleswig-Holstein (Hg.), Kiel 1. Juni 2011.

Sieber, Franz Wilhelm: Beschreibendes Verzeichniß der in den Jahren 1817 und 1818, auf einer Reise durch Creta, Ägypten und Palästina gesammelten Alterthümer und anderen Kunst- und Naturprodukte: Nebst einer Abhandlung über ägyptische Mumien, Wien 1820.

Sommerauer, Erich: Die Afrikanistik in Österreich, 1824-1992, Wien 2010.

Sommerlatt, Christian Vollrath von: Beschreibung der XXII Schweizer-Kantone, Basel 1838.

Staats- und Gelehrtenzeitung des Hamburgischen unpartheyischen Correspondenten, Beylage, Nr. 50, 27.3.1822.

Stamm, Ulrike: Der Orient der Frauen. Reiseberichte deutschsprachiger Autorinnen im frühen 19. Jahrhundert, Köln, Weimar, Wien 2010.

Stumpf, Peter K.: Preußischer Kalender. Geschichte, Norderstedt 2016.

Ulrich, Johannes: „Der Gelbsand. Entwicklung einer Sandbank in der Elbmündung von 1905 bis 1990": Naturwissenschaftliche Schriften Uni Kiel, Bd. 61 (Dezember 1991), S. 19-24.

Verzeichniss über das von weiland dem Herrn Oberalten Peter Friedrich Röding hinterlassene Kunstmuseum, Hamburg 1847.

Vieregg, Hildegard: „Vorgeschichte der Museumspädagogik": Museen – Geschichte und Gegenwart Bd. 2, Münster und Hamburg 1991.

Vogtherr, Christoph Martin: „Das Königliche Museum zu Berlin. Planung und Konzeption des ersten Berliner Kunstmuseums": Jahrbuch der Berliner Museen, Band 39, Beiheft, 1997.

Wahl, Hans, Kippenberg, Anton: Goethe und seine Welt, Leipzig 1932.

Weltzien, Wolf Deneke von: Das altadelige italienische Geschlecht „Minutoli" in Deutschland, Maschinenmanuskript, Essen 1931.

Wildung, Dietrich: „Auf Berliner Weise", in: Bari, Hubert (Hg.): Pharaonen-Dämmerung. Wiedergeburt des Alten Ägypten, Straßburg 1990, S. 188-229.

Willeitner, Joachim: „Das große Schaufeln": Spektrum, 29.7.2017.

Zekri, Sonja: „Ja! Bitte gebt die Nofretete zurück": Süddeutsche Zeitung, 11.5.2010.